東日本大震災の教訓

—津波から助かった人の話—

村井 俊治 著

古今書院

はじめに

平成二十三年三月十一日、午後二時四十六分に宮城県三陸沖において、マグニチュード九の大地震が発生し、それに伴って起きた津波により多数の犠牲者が出た。死者約一万五千人、行方不明約八千人である。東日本大震災で亡くなった九十二・五％は津波によるものと報告された。間一髪、九死に一生を得た生存者が、それぞれの状況の中でどのようにして判断をし、行動をしたかをテレビ、新聞、雑誌、インターネットで語ってくれた。本書はこれらの話を参考にしてまとめられたものである。生存者の証言ほど貴重な教訓はないであろう。本書は十二の章に分類し、そこから著者なりに教訓を引きだしたものである。子孫に教訓として記録に残すのが目的である。

著者の曽祖父は、明治二十九年（一八九六）の三陸津波で犠牲者になった。祖母から、曽祖父は財布を取りに行って津波に流されたと何度も聞かされた。命を守るには、即刻身一つですぐ逃げることだと教えられた。祖母は、大人に背負われて高台に避難して助かったという。「津波てんでんこ」という岩手県に伝わる「てんでんばらばらに逃げる」という先人の教えは今回の津波でも生かされた事例が多かった。

日本一、いや世界一と自慢する防潮堤を信じたために、破堤し、越流した津波によって多くの犠牲者がでた。一方で、ハザードマップに記入された指定避難所に避難したのに、そこが津波に流されて多数の犠牲者を出した悲劇もあった。「防潮堤を信じるな」、「ハザードマップを信じるな」という教訓が生まれてくるかもしれない。本書にまとめられた記録から、既存の施設やシステムを信じないで、一瞬の機転や判断をしたことがどれほど沢山の命を救ったことかを学ぶことができる。

「絶対安全」と何度もたたき込まれた福島原子力発電所が、何重にも安全策が施されていたはずにもかかわらず、大地震と大津波によって破壊され、終わりの見えない事後対策に悩んでいる。多くの住民が避難を余儀なくされ、故郷を失った。これは人災と呼ぶべきであろう。本書は福島原子力発電所については最後に触れることにした。原子力発電所の事故処理は今でも進行形であるから本書は中間報告である。第十三章に著者の災害にたいする識見を「二十一世紀の災害論」として掲載した。

本書は、津波から得られた教訓を子孫に伝えるための記録であり、著者の津波災害に対する意見を加えたものである。関連した内容を補足するためにメモの形で補足した。読者のご意見やご教示があれば幸いである。将来の津波対策に建設的な意見は大歓迎である。何十年か何百年か分からないが、再びこのような大震災は起こりうる。その時本書が何らかの役に立って、犠牲者が少なくなることを願ってやまない。

メモ一　平成二十三年（二〇一一）三月十一日午後二時四十六分、マグニチュード九・〇の巨大な地震が、宮城県牡鹿半島の東南東百三十キロを震央として、南北約五〇〇キロ、東西二〇〇キロという広大な震源域で発生した。この地震は、震源域で東方向に二四メートル、上に五メートル隆起の地殻変動をもたらした。これにより、巨大津波が発生し、北は北海道から、青森県、岩手県、宮城県、福島県、茨城県、千葉県、東京都まで被害が及んだ。余震では長野県に大きな被害が出た。特に岩手県、宮城県、福島県の三県は、甚大な津波被害（全体の九十九・六パーセント）があった。ここでは平成津波と呼ぶことにする。東京大学と東北大学の調査によると、津波の最大遡上高さは姉吉地区で四〇・四メートルを記録し、明治津波の三十八・二メートルをしのいだ。平成二十三年六月十一日の三ヶ月後の発表では、死者、一万五千四百十三人（遺体確認済み）、行方不明、八千六十九人（親族からの報告済み）であった。このほかに報告されなかった行方不明者がいると推定される。死者・行方不明者合計で、約二万五千人の犠牲者が出た。避難者は、地震発生直後は四十六万人だったが、次第に減少し、三ヶ月後は、約十二万四千人であった。しかし、福島原子力発電所の避難地域に指定された避難者は、約八・五万人いるが、原子炉が安定化するまで帰郷できず、おそらく数年は避難が続くと懸念されている。建物被害は二十一万九千五百五十五軒、火災は、三百五十七件、浸水面積は五百七平方キロに及んだ。交通網の被害は甚大で、東北新幹線は、千二百か所で損傷し、復旧は四月二十九日であった。ＪＲ

在来線は六百か所で損傷した。特に常磐線は、福島原発の避難地区を通っているため、復旧のめどは立たない。東北高速道路は、意外と被害は少なく、四車線だったこともあり、数日で復旧した。国道は、百六十一区間で通行止めになった。空港では仙台空港が津波に襲われた。被害が甚大だったのは、港であった。特に三百二十六の漁港は壊滅状態になった。失われた漁船は、一万八千八百八十隻に及んだ。内閣府の推計では、被害額合計は、約十六兆九千億円であり、そのうち建築物等が約十兆四千億円、ライフライン施設が約一兆三千億円、社会基盤施設が約二兆二千億円。農林水産関係が約一兆九千億円、その他が約一兆一千億円である。

田畑浸水は、二万三千六百ヘクタールであるが、海水が浸入したことによる影響が甚大であった。地震による水路の破損も大きな影響があった。発電施設は、福島原子力発電所および女川原子力発電所が停止状態になった。火力発電所も多くは停止状態になった。東京電力の電力供給量は、地震前に五千二百万キロワットあったが、地震直後は三千百万キロワットに減った。このため、首都圏においては、計画停電が実施された。しかし、一ヶ月後には、供給電力は五千万キロワットに回復したが、節電は続けられている。千葉県にある石油精製施設が火災で被害にあったためと交通網の寸断により、東北及び関東地域では、ガソリン、軽油および灯油などが供給されなくなり、自動車による移動および輸送が大幅に制限された。トイレットペーパー、紙おむつ、マスク、ペットボトルの水などの必需品が極端な品不足となった。福島原子力発電所の事故による放射能汚染は、空気、水、土壌、海水におよび、一時は、水道水の使用が制限された。原発周辺の福島県、茨城県の野菜、牛乳、魚などに基準値を超える放射能が検出され、出荷停止があった。風評被害も大きかった。福島原発から三十キロの半径の住民は、すべて圏外に避難が義務付けられた。その後、三十キロの範囲外でも放射線量が多い町と村は、計画的に避難を要請されるにいたった。

今回の地震で、宮城県沖二百キロの震源域近くの海底千七百メートルに埋められていた海上保安庁の基準点は、東方に二十四メートル動き、五メートル隆起した。また国土地理院の電子基準点のうち、牡鹿半島のＧＰＳは、東方に五・三メートル動いた。沈下は最大で一・二メートルであった。東京にある経緯度原点および水準原点も動いたと報告された。三ヶ月経過した時点で、東北および関東地方は地殻変動が続いていた。国土地理院によると基準点が安定化するのは十月ごろという。港湾空港技術研究所が、釜石の沖合十五キロに設置したＧＰＳ波浪計が、津波の高さを記録していた。二時四十六分の地震のあと、二時五十七分ごろ約五十センチ潮位は下がり、そのあと三時から上昇し、三時十二分に六・六メートルの第一波があった。三時三十分過ぎに潮位は三メートルに下がり引き波があった。三時四十五分ごろ潮位二メートルの第二波があった。四時半に一・二メートルの第三波、五時五十五分に第四波、六時四十五分に一・六メートルの第五波、七時四十分に一・二メートルの第六波、八時四十分に一メートルの第七波があった。実に六時間にわたって七波の津波が襲来した。津波が陸地に上陸すると、海底および陸地の地形によって、沖合の潮位の二倍から三倍に達するとされる。釜石の海岸での津波高さは九・三メートル、遡上高さは二十一・四メートルであった。

東日本大震災の教訓——津波から助かった人の話　目次

はじめに
第1章　助かった子どもたち　1
第2章　生き残った家族　24
第3章　津波に流された人たち　44
第4章　高台に避難した人たち　58
第5章　屋上に逃げた人たち　70
第6章　車で避難した人たち　83
第7章　救助された障害者　98

第8章　避難を呼びかけた人たち　106
第9章　船で津波にあった人たち　121
第10章　鉄道に乗っていた人たち　130
第11章　津波に襲われた仕事場　137
第12章　福島原子力発電所の教訓　148
第13章　二十一世紀の災害論　178
おわりに　199
参考資料　200

第1章

助かった子どもたち

人の命は等しいのだが、とりわけ子どもたちの命は尊い。子どもたちが、津波で生き残ったニュースに接すると本当に「よかった」と胸を下ろし、逆に亡くなった子どものニュースに接すると涙なくしては聞けない。子どもの命は絶対守らなくてはいけない。保育園、小学校、中学校、高校の子どもたちの生死を分けたのは、咄嗟の判断と機転による事例が多かった。子どもたちの生死を分けた悲惨な事例から始めて幸運な事例を紹介し、著者が得た教訓を記したい。

テレビ、新聞、インターネットで一番悲惨な事例として取り上げられたのは、宮城県石巻市の大川小学校の事例である。大川小学校は、北上川の河口から四キロの河沿いに建っている。すぐ南に裏山がある。津波で長面浦と川を分けていた堤防が破壊され、広い河口からせまい川に流入して津波が高くなった悲運も重なった。チリ地震津波でも津波の被害を受けなかったという安心感があったことは否めない。地震が起きた時、校長先生は不在で、教員十二人と生徒百八人が校舎にいた。生徒たちは校庭に集められた。テレビによると、校庭で先生たちは、すぐ近くの新北上大橋のたもとの「三角地帯」と呼ばれる小高い場所か、裏山に逃げるか相談していたという。裏山の木が倒れていることもあって、橋のたもとに逃げることにし、点呼を終えて避難を始めたところへ津波が襲った。地震発生から三十分以上が経過していた。教員十二人のうち十人が死亡した。三十四人の生徒が生きのび、七割の七十四人の生徒が亡くなった。男子生徒二人は、裏山に流されて助かった。先生一人と生徒一人は、別の裏山に流され、中腹の民家に助けられた。

生き残った男性教諭からの聞き取りから、詳細が判明した。五時間目が終わったときに激しい揺れが襲った。生徒たちは机の下にもぐりこみ、校庭に逃げる指示が出された。泣きだす子も出たが女性教諭らが付き添い、ヘルメットをかぶって校庭で整列した。校庭には家が遠い生徒を送るスクールバスが止まっていた。バスのドライバーは、生徒たちは点呼中なので待機するように指示されたと運営会社に無線で通信していた。しかし、これが最後の通信となった。会社側は詰め込めば生徒全員を乗せられたという。

男性教諭は、校舎内を点検したが、校舎はガラスが散乱して中に生徒を入れられる状況ではなかった。校庭に戻ると他の教員に誘導されて、生徒たちは、裏山脇の細い農道を、列を組んで歩きだしていた。坂道を行くと校庭より七～八メートル高い新北上大橋のたもとに出る。男性教諭は最後列にいたが、その時、河口とは逆方向の橋のたもと側から生徒たちに向かって津波が襲いかかった。ドンという地鳴りがあり、何がなんだかわからないうちに列の前から波が来たという。

気付くと裏山を登ろうとする生徒たちが見えた。生い茂る杉で暗かったが必死に登った。足もとまで水が迫ってきた。「上に行け、上へ。死に物狂いで上に行け！」と叫んだ。途中立ち止まった男子生徒の手を引き、山を越え、車のライトを見て助かったと思った。犠牲を免れた大半の生徒は、親が車で引き取りにきて連れ出された生徒たちだった。娘を犠牲にした親は、あとから来た柏葉校長に「裏山に逃げれば助かったのに」と詰問した。

大川小学校の近くには、北上川の下流側に、北上中学校と吉浜小学校があり、対岸に橋浦小学校、少し上流に大川中学校がある。北上中学校は、スクールバスで十四人が下校途中だったが学校に戻って全員助かった。百八人中犠牲者はゼロだった。吉浜小学校では、児童五人を含む十五人がいたが全員三階建ての屋上に上がって無事だった。しかし、全校四十九人のうち学外で七人が犠牲になった。橋浦小学校では、校庭から屋上に避難して助かった。犠牲者は九十五人中三人であった。大川中学校では、卒業式終了で生徒はいなかった。犠牲者は、五十八人中三人だった。犠牲者の多くは帰宅後に犠牲になった。何故大川小学校だけが、犠牲者が多かったかが問われる。石巻市教育委員会は、二次避難に不備があったことを保護者に謝罪した。

教訓一　多くの犠牲者が出たのに教訓をのべるのは酷かもしれないが、将来の子孫を守る願いから敢えていうことにしたい。第一に、チリ地震津波と比較して、安心したのが過ちであった。チリ地震は南米のチリで発生し、日本では揺れを感じていないで津波だけを受けた。三陸は明治地震津波が最大の記録であったのだから、祖先からその時の恐ろしさを学ばなければならなかった。これだけ大きな揺れが長い間続いたのだから相当の高さの津波が来ることを想定すべきだったであろう。第二に、先生たちが校庭でどこに逃げるか相談をしていたのは遅すぎると言える。大災害では常に時間の勝負で、あらかじめ逃げるコースと場所を決めて置いて訓練をし、迷わず行動を取ることが大切である。ビル火災では避難通路をどこに取るかの一瞬の判断ミスが命取りになるといわれる。津波の押し寄せる速度は、大洋では時速八百キロもあり、沿岸では百～二百キロあり、陸に上がっても時速二十五キロから五十キロもあるというから、一分一秒の避難の遅れは命にかかわることを銘記しておくべきだろう。津波が来るのが地震発生から三十分とすると、地震の揺れが収まるまで五分とし、生徒を校庭に集めるのに五分はかかる。点呼を取ったり、列を組んだりするのに十分はかかるであろう。これで二十分がかかっている。津波がくるのに十分しかないことになる。集団が十分で逃げられる距離は小走りにして五百メートルくらいである。避難先は、五百メートルを限度にすべきである。第三に津波の場合には、安全な避難を選択すべきである。津波橋のたもとは津波に流されたというから、裏山以外に助かる見込みはなかったことになる。津波では、一メートルでも高い場所がより安全といえる。

同じく宮城県石巻市の二つの小学校で悲劇が起きた。市立釜小学校は、生徒数六五七人のうち主に三年生以上の約四五〇人の生徒たちが校内にいた。約四二〇人は校舎の最上階に逃げて無事だったが、保護者に引き取られて自宅に向かった生徒約三〇人のうち十二人が死亡し、四人が行方不明になった。皮肉にも保護すべき親と一緒の子どもたちが自宅に向かう途中で犠牲になった。

同市立大街道小学校は、生徒数四〇七人だが、約二百人の保護者が迎えに来たが、早めに生徒を引きとった保護者と生徒が犠牲になった。生徒一人が死亡し、二人が行方不明になった。

宮城県全体では、生徒九十一人が死亡し、五三七人が行方不明になった。大川小学校を除き、学校に残った生徒たちの大半は生き残ったが、親と一緒に自宅に向かった生徒に犠牲が多かった。岩手県でも、親と一緒に避難途中の生徒が被災し、十人の生徒が死亡し、十一人が行方不明になったという。遅く来た親と一緒に学校に残った生徒たちは全員助かった。

学校保健安全法は、二〇〇一年に起きた大阪教育大学附属池田小学校での乱入殺傷事件を契機に二〇〇九年四月に学校保健法を改正して、地震や火災を想定したマニュアル整備を自治体や学校に義務付けた。多くの学校では災害時に保護者が児童を引き取るルールを作成した。今回はこのルールが裏目に出た。

教訓二　定められたルールに従った保護者を非難することはできにくいが、大地震の後だけに津波が来ることを想定して、どこが最も安全かを先生たちと話し合うべきであったろう。少なくとも学校と自宅のどちらが安全かを親は考える必要があった。前にものべたが、津波はほぼ三十分後に来るのだから、学校から自宅に避難する時刻と津波が来ると想定される時刻を計って、行動を一瞬のうちに決断しなければならなかった。非常時にはルール違反をしても子どもの命を守ることを優先させるべきであろう。

メモ二　石巻市は、死者三〇二五人、行方不明者二七七〇人（五月三十一日付）、全壊家屋二八〇〇〇棟（五月三十一日付）であった。地震により地盤は五十センチから一メートル沈下した。北上川の河口部が大きく削られ、堤防の破堤が重なって市街地の大半が水没した。

親が子どもを守ろうと考え過ぎて悲劇を生んだ事例があった。岩手県釜石市の市立の釜石保育園でのケースである。お昼寝の時間に入った保育園ではかわいい子どもたちの寝顔を保育士たちが見守っていた。この時激しい揺れで、子どもたちを昼寝から起こした。保育園は全壊した。事務局長の八幡義久さん（68）が「津波が来るぞ！早く公園へ！」と叫び、保育士、看護師、調理師ら職員三十一人はただちに避難を開始した。園児は生後間もない乳児から五才児まで七十八人であった。三台の荷車に十人ずつ園児を乗せ、あとはおぶったり、抱っこをしたりして坂を駆け上がった。

保育園は、海と川にはさまれ、津波の危険があるので、月に一度は、約三百メートル離れた高台の薬師公園に避難訓練をしていた。間もなく、市民が続々とこの公園に避難してきた。寒い日にも拘わらず園児たちは、昼寝のあとでパジャマ姿だった。園児の中の四才と一才の姉妹の母親とおばあさんが同じ高台に避難してきた。高台から見た海はまだ穏やかだったので、このままでは、子どもたちが体調を崩してしまうので二人を連れて家に帰ると言いだした。事務局長の八幡さんは、これから大きな津波が来るから、と親を引きとめたが、親は制止を振り切って自宅に向かった。娘は友達に手を振り、坂を下りて行ったという。後で親子四人の遺体が見つかった。

津波は、白い水蒸気のような煙を立ち込め、たけり狂って襲ってきた。八幡さんは、園児のために毛布を取りに坂を下りたところで、海と川の二手から来る津波に挟み撃ちされた。保育園はあっけなく津波に飲み込まれ、波にさらわれた消防車が転がってきた。八幡さんは辛くも高台に走って逃れたが、目の前には沢山の助けを叫ぶ人たちがいた。寒い中で園児たちを守り抜くのが大仕事だった。

教訓三　亡くなった親子も八幡さんも津波に関する知識があまりにも欠落していた。たとえ、第一波が引いた後でも第二波および第三波がくるから、少なくとも三時間は待機して高台から移動してはならない。制止されながらも、振り切って自宅に戻ろうとした母親は無謀としか言いようがない。子どもに対する思いやりは理解できるが、命を落とす危険を冒すべきではなかった。他の園児たちもいたのだから、一緒になって寒さを耐え忍ぶ覚悟が求められた。

メモ三　釜石市の死者は八五三人、行方不明者四五二人（五月三十一日付）であった。釜石市の港湾の入り口には、水深六十三メートルの防潮堤が建設されていた。しかし、今回の津波でこの防潮堤は壊れてしまった。防潮堤は世界最深の防潮堤としてギネスブックに登録されていた。この防

潮堤は無残にも壊れ、町を津波から守ることはできなかった。本来津波のエネルギーを減少させるのが目的だったという。釜石市の死者・行方不明者の八十六パーセントに当たる四百十九人は、ハザードマップで津波到達想定外の区域で被害にあったという。

子どもだけが助かって親と死に別れた悲しいケースもあった。岩手県宮古市千鶏《ちけい》地区の保育園にいた昆愛海《こんまなみ》ちゃん（4才）は、保育園で地震に遭遇した。迎えに来た母親に連れられ、高台にある自宅に帰ったところで津波にあった。自宅は入り江を見下ろす高台にあり、避難所に指定された小学校に隣接していた。しかし、津波の高さはものすごく、家ごと丸のみした。母親と二才になる妹と津波に飲み込まれたが、愛美ちゃんは背負っているリュックが漁網にひっかかり、引き潮にさらわれずに助かった。母親と妹は行方不明になった。

メモ四　両親が死亡または行方不明になった震災孤児の数は、岩手県が八十二人、宮城県が百一人、福島県が十八人、合計二百一人であった。

一人の機転が子どもたちを救った事例があった。指定避難所に避難してもそこが危ないと予見して、さらに高い場所に誘導したのである。岩手県山田町の船越小学校は指定避難所になっていた。しかし、校務員の田代修三さん（55）は、沖合の津波の高さを見て、小学校でも危ないと判断して、生徒・先生を誘導してさらに四〇メートル高い丘の上に避難した。果たしてこの小学校は津波に襲われた。もし、そのまま小学校にいたら一七六名の生徒たちは全員死亡していたかもしれなかった。卒業式を終えた生徒たちは、「校務員さんのおかげで卒業式ができた」と感謝の言葉をかけたという。

メモ五　岩手県山田町は、死者五七五人、行方不明者二九六人、倒壊家屋三一八四棟（五月三十一日付）であった。山田湾は湾口が狭く、湾内が広い。防潮堤は、チリ地震津波の時は津波を食い止める効果を示したという。しかし、今回の津波では越流して、沿岸市街地の大半の家屋を流失させ、湾奥の谷まで遡上した。明治二十九年の津波とほぼ同じ地域が被災した。

岩手県釜石市の釜石東中学校は、海に近く、地震が起きると生徒たちは「津波がくるぞ」と叫びながら自主的に避難を始めた。目的地は避難所に指定されていた約五百メートルの「ございしょの里」であった。日ごろから避難訓練ができていた。隣の鵜住居小学校の生徒たちも、中学生に続いた。ございしょの里の裏手にある崖が崩れそうになっているのを見て、男子生徒がさらに奥の高台に避難を始めた。振り返ると津波によって空に土煙が立っていた。途中で鵜住居保育園の園児たちと遭遇したので、中学生は園児や先の小学生たちを助けながら、高台に逃げた。指定避難所になっていた「ございしょの里」は津波に流されていた。中学生、小学生、園児たちは間一髪で助かった。

釜石市の鵜住居保育園は地震の時、六十九人の園児は昼寝をしていた。パジャマを着替えさせ、園庭で園児たちの確認ができた順番で、あらかじめ指定されていた「ございしょの里」に向かって避難を始めた。荒沢幸子園長は携帯電話と名簿だけを持ち出した。ゼロ才児の五人を保育士がおんぶし、乳児十八人は台車二台に乗せ、二才児以上は手をつないで歩かせた。途中で出会った釜石東中学校の生徒たちも避難を手伝ってくれた。

避難訓練では「ございしょの里」の避難所まで十二分四十秒だった。「ございしょの里」に無事到着して下を振り返ると保育園の緑の屋根は津波に流されていた。「ここも危ない！」ということになり、さらに高い場所を目指した。全園児を誘導して、津波から逃げ切った。その夜はさらに三キロ先にある小学校に避難した。園児全員を保護者に引き渡したのは三日後だった。

岩手県内の別の保育園でも、約百人の園児と二十人の保育士が、地震の直後にあらかじめ決めてあった指定避難所まで移動した。約七十人の園児は迎えに来た保護者に引き渡したが、そこにも津波がくる気配を感じたので、園長は近くの裏山に登ることを決断した。保育士たちが園児たちを背負うなどして山を這うようにして登った。こうして園児、保育士全員が助かった。

釜石市の港の近くにある釜石小学校は、学期末の短縮授業だったため、多くの生徒たちは、学校にいなかった。ある小学一年生は自宅にいたが、地震発生時に学校で教えられた通りに避難所に自力で避難した。小学校六年生の男児は、二年生の弟と自宅にいた。弟が「逃げようよ」といったが、すでに自宅周辺は数十センチの水があり、自力で逃げるのは無理と判断して、弟と三階まで避難して助かった。

教訓四　岩手県釜石市の防災教育は徹底してすぐに逃げることを推奨していた。第一に地震が起きたら直ちに避難行動に出たことが良かった。津波は来るものと決めていた。第二に、指定避難所に到着しても、絶対的に安全と信じないで、さらに高い場所に誘導・避難したことが多くの命を救った。機転を利かせた避難が奏功した。釜石市では、一人ひとりが「津波から逃げる」ことを徹底して教育していた。子どもでさえ、自分で「逃げる」訓練ができていたのが良かった。釜石市の小学生一九二七人、中学生九九九人のうち死亡したのは五人で、生存率は九九・八％であった。津波が来るまで約三十分あるが、実際に逃げる時間は、十分から十五分程度であろう。小走りに逃げても高々五百メートルが限度と思わなければならない。普段の訓練で、何分で避難できるかを計っておくことが大切である。

メモ六　釜石市は、二時四十九分に気象庁が津波警報をだし、二時五十分に三メートルの波が来るという予報を受けて、二時五十分と五十二分に「高い所で三メートルの津波が来ることが予想されます」、と四十九か所のスピーカーから放送した。気象庁は、三時十四分に六メートル、三時三十一分に十メートル以上と訂正したが、釜石市では停電で気象庁の訂正が受信できなかった。住民の多くは、立派な防潮堤があることだし、二階くらいの高さなら逃げることもないと油断し

たという。最初に警報が出た二時四十九分は、地震発生後三分であり、まだ地震が続いていた。気象庁は速報値でマグニチュード七・九の値で津波シミュレーションをしたという。このシミュレーションの結果が三メートルの津波高さだった。実際は、一時間後でマグニチュード八・八に修正し、最終的にはマグニチュード九・〇となった。津波警報の迅速性を追求する余り、予報の精度が低かった。

岩手県陸前高田市の県立高田高校のテニス部員は、地震発生時、市立体育館で練習中だった。大きな揺れで体育館の壁は落ち、大きな照明は揺れて今にも落ちそうだった。テニス部員は外に飛び出した。地震直後に着いたテニス部顧問の河口倫《さとし》教諭（37）は、体育館は指定避難所になっているが、停電しているし、フロアは砂埃が舞っていて安全ではない、と判断し、テニス部員を高台のグランドに移動するように指示した。テニス部員たちは二列になって走った。余震のたびに立ち止まったが、午後三時すぎにはグランドに着いた。テニス部員と入れ違いに避難所に指定されていた体育館に住民たちが集まってきた。高齢者が多く、車いすの者もいた。ラジオでは六メートルの津波が来ると放送していた。体育館は海抜三メートルで、二階通路までなら約六・三メートルであった。二階まで逃げれば安全と思っていた。

体育館の近くで食堂を経営していた鈴木邦夫さん（66）は、体育館は避難所になっていたが、自宅と高さは変わらず、体育館は安全でないと普段から思っていたので、車で高台に逃げて無事だった。

加藤りん子さん（60）は、体育館前で「避難所はこちらですよ」と言われたが、「高台に行きます」といって断り、津波から逃げることができた。

体育館には約百人が集まった。佐々木さんは、住民を二階に続く外階段へ誘導した。津波の第一波が堤防を越えたのは午後三時二十二分だった。佐々木さんの目には、津波が海岸の松林を飲み込んだのが見えた。二階に上がった人たちが「ここも危ないんじゃないか？」と騒ぎ始めた。その時「ドン！」という音がして津波が襲ってきた。人々は奥にある男子トイレに殺到したが、その先は行き止まりであった。佐々木さんは足が水にぬれたと思った瞬間に津波に飲み込まれていた。水中でもがく人たちの手足にぶつかったが、そのうち鉄骨をつかみ、頭を突き上げ水面に出ることができた。水位は天井まで三十センチだったが、幸いそのうち水は下がり始めて助かった。津波は何度も押し寄せた。津波の高さは十五・八メートルだったという。体育館の生存者はわずか三人だった。ずぶぬれにまま身を寄せ合って一夜を過ごした。

教訓五　地震で中が壊れた体育館を避難場所にするのは、間違っているであろう。余震でさらに壊れる危険があるからである。その点、テニス部の顧問の河口先生の判断は正しかった。同じように鈴木さんと加藤さんの判断も良かった。普段から指定避難所の体育館は安全でないと感じていた。体育館に避難した住民は、特に高齢者は痛ましいとしか言いようがない。避難誘導する者は、現場で適切な判断をすべきであり、マニュアル通りでよしとしてはいけない。

メモ七　岩手県陸前高田市は、死者一五〇六人、行方不明者六四三人、倒壊家屋三三四一棟（五月三十一日付）だった。漁港と市街地は壊滅状態だった。湾内に建設された防波堤の多くが決壊した。広田湾の奥にある市街地は冠水した。陸前高田が誇ってきた観光の名所だった「高田松原」の七万本の松は、わずか一本を残してすべて倒された。この「奇跡の一本松」も塩害で立ち枯れの危惧が生じ、森林総合研究所の林木育種センターが接ぎ木を行いそのうちの四本が根付き、いずれ現地に移植するという。陸前高田市役所の職員は、せいぜい一メートルの津波が来るとおもっていたという。一方、陸前高田市広田町の集《あつまり》集落は昭和三十三年に起きた七十八年前の津波の教訓から高台に集落を作って住み、今回は二十四世帯が全員助かった。長老の伊藤アヤノさん（101）は、先人のおかげで助かったという。しかし、津波のたびに、津波の恐ろしさを知らない人たちが低地に住み始めるという。

間一髪で幸運にも助かった事例もある。宮城県名取市の閖上《ゆりあげ》小学校では地震が来た時、三階建ての校舎の屋上に生徒たちを避難させた。予報では午後三時に六メートルの津波が来ると放送された。午後三時半でも津波は来ず、ここには津波は来ないだろうと話しあっていた。屋上から下りて生徒たちを体育館に避難させた。その時名取に津波が来たとの知らせがあった。地震発生から一時間後に津波が来た。日下ミチルさんは校舎から津波を見たので慌てて体育館の子どもや保護者に校舎の屋上に逃げるよう叫んだ。約百人の生徒、保護者がいた。丹野明子さんによると皆我先に逃げたという。生徒たちが三階の校舎に逃げた時に津波は校庭に押し寄せたという。間一髪の避難だった。閖上地区の消防士によると、住民に避難を呼びかけたが、地震の後片付けや掃除をしていて住民の多くは避難しようとしなかったという。石田直樹さんは、海岸から一キロ離れた自宅には津波は来ると思っていなかったという。父親の声で津波の襲来を知り、二階に上がった途端に津波にさらわれた。幸い流れた家の屋根に登って助かったが両親と妹は亡くなった。名取市のハザードマップでは海岸から一キロしか浸水地域に指定されていなかったが、実際には六キロまで津波が来たという。アンケートによると、三十〜四十%は、避難しなかったという。

教訓六　今回の地震による津波は早い例で地震発生後十五分、遅い例で一時間だった。多くは約三十分後にきた。海岸からの距離や海底地形などによって津波の到達時刻は異なることを学ぶべきであろう。名取市は仙台平野で平坦な地形であるが、三階の高さまで来たということは、津波の高さは十メートル近くあったことになる。今回海岸から六キロ地点まで津波が来たということを、代々語り継ぐ必要がある。これから作成するハザードマップにも反映させる必要がある。人は忘れやすいものである。

メモ八　名取市は、死者九〇七人、行方不明者一二四人、倒壊家屋二六七六棟（五月三十一日付）であった。名取市は、仙台平野の一部であり、仙台空港にも近い。水田地帯が広がっている。海岸

には高さ数メートルの堤防と砂防林としての松林が植えられていた。今回の津波は堤防を越え、松林をなぎ倒し、内陸部に五・二キロも侵入した。貞観十一年（八六九）に起きた貞観地震津波（推定マグニチュード八・四）は、産業技術総合研究所（産総研）の調査により、昔の海岸から三、四キロまで到達していることが、堆積物の発掘調査から分かっていた。昔の海岸線は、今の海岸線より二キロ内陸であるから、今回の津波とほぼ同じ距離まで津波が来ていたことになる。貞観津波については、平安時代に編纂された「日本三代実録」に「陸奥の国の地、大いに震動す。海去ること数十百里、溺死するもの千ばかり」と記されていた。仙台平野を襲った津波は、三陸のリアス式海岸に比べて高さはそれほど高くなかった。しかし、広大な面積の田畑に海水が冠水したことで農業被害は甚大である。

高台や屋上に逃げて何とか助かった例を紹介する。岩手県大槌町の赤浜小学校では午後二時五十五分に避難命令が出たので、三十五人の生徒たちは、校舎より少し高い体育館に集められた。しかし、余震で体育館が揺れて怖いので校庭に移動した。赤浜小学校は、チリ地震津波でも津波が来なかったという理由から指定避難場所になっていた。午後三時ごろ、校庭から津波が防潮堤を越えてくるのが見えた。危険を感じて裏山に通じる坂を全員走って逃げた。走るのが遅かった生徒二人は波に足を取られたが、なんとか助けて五百メートル離れた高台に全員避難できた。避難誘導していた男性は、一旦津波に飲まれたが、自動車の上に上がり、難を逃れた。午後四時半ごろ裏山の東側が火事になり、生徒たちは、草木をかき分け西側に逃げた。山腹にある民家三軒に収容してもらったという。赤浜小学校の校舎は、二階まで津波が来ていた。体育館も一時水に浸かったというから、そこにいたら悲惨だったたであろう。

メモ九　大槌町は、死者七七三人、行方不明者九五二人、倒壊家屋三六七七棟（五月三十一日付）であった。大槌町は、観光船「はまゆり」がコンクリート建てのビルの屋上に乗り上げたままになったことで津波被害の象徴的なシーンとなった。モニュメントとして保存したらの声があったが、放置しては危険なため解体され、撤去された。町長が亡くなったのも象徴的だった。大槌町で漁業を営む岩間卓哉さん（43）は地震発生後、海を見るため堤防に立った。大槌湾の水ははるか約二キロ先の弁天島の辺りまで干上がっていたという。あわてて皆に津波が来ることを伝えたが、信用されなかった。町のサイレンも放送も聞こえなかったという。油断があった。

宮城県亘理郡山元町の中浜町小学校は、午後二時五十二分に避難命令を受けた。小学校教諭は高台に行く余裕がないと判断し、生徒たちを二階屋上に避難させた。屋上では高さが不足と感じ、一部の生徒たちを屋上にある倉庫とその屋根の上に上げた。午後三時半ごろ津波が襲ってきた。津波は屋上まで達し、机やいすの上に生徒たちを立たせ、なんとか津波から逃れることができた。山元町では、二千五百世帯、七千人が被災した。海岸から一・五キロまでは新築家屋以外はすべて全壊して流された。

一・五キロ以遠でも、一メートルの床上浸水を受けた。

教訓七　この二例は幸運であったとしか言いようがない。避難命令が出る前に初動を開始するべきであろう。少なくとも標高二〇メートル以上、できたら三〇メートルの高台を避難場所に選んで置いた方がよい。そして普段の避難訓練で何分で到達できるかを計っておくとよい。

事前に津波が来ることを想定して対策を立てていた小学校があった。岩手県大船渡市の越喜来《おっきらい》小学校は、海から約二百メートルであり、三階建ての校舎である。校舎は、崖の下に建っており、坂の上に行くには一旦階下に降りてから坂を登らなくてはいけなかった。市議会議員の平田武市議（当時65）は、津波が来たらこの小学校は危ないので、二階から坂上に行ける非常通路の設置を、二〇〇八年三月に市議会に予算を提案し、市では昨年（平成二十二年）に四百万円の予算を付け、同年十二月に津波避難用の非常用通路が完成した。地震が来た時、七十一人の生徒たちはこの非常用通路を使って崖の上に出て、さらに高台の三陸鉄道南リアス線三陸駅に避難した。津波が来た時は、長さ十メートル、幅一・五メートルの非常用通路は壊され、ガレキに覆われていた。遠藤耕生副校長(49)によると、地震発生から津波が来るまであっという間で、非常用通路のおかげで生徒たちの避難時間が大幅に短縮できたという。平田市議は大震災の九日前に病気で亡くなっていた。避難した生徒の中に平田市議の孫が三人含まれていた。平田市議の長男の大輔さん（38）は、小学校三年生の息子に、大きくなったらお祖父さんの偉大な功績を話してあげたいという。

教訓八　この例は理想的な対策であった。市教育委員会の山口清人次長は、この規模の津波を想定していなかったが、非常用通路を設置しておいてよかった、と教訓にしたいという。避難に要する時間は、津波の到来との勝負であり、一分でも短縮する気持ちを持たなければならないことを教えてくれる。

メモ十　大船渡市の死者は三一九人、行方不明者一四九人、倒壊家屋三六二九棟（五月三十一日付）であった。大船渡市の湾口には、水深三十八メートルから積み上げられた約七百メートルの防潮堤が建設されていた。中央に二百メートルの開口部があり、堤防は海面から五メートルの高さだった。大船渡には、十一・八メートルの津波が押し寄せ、堤防は破壊され、跡形もなくなった。大船渡市三陸町・吉浜湾の小さな入り江に開かれた千歳漁港に面した千歳集落は、東日本大震災の津波が戦後約三十年前に山を切り開いて作った道路をさかのぼって住宅二棟をのみ込んだ。漁港の目の前の小高い山の上に三十八世帯が暮らす集落は、明治津波（一八九六）や昭和津波（一九三三）でも被害がなかった。明治津波や昭和津波のころまでは、住民は岬の先端を回り込む山道を通って千歳漁港に通っていた。

道路ができたことで、たくさんの漁獲物や重い漁具を背負って山を登る苦労はなくなり、千歳

漁港の漁業規模も拡大したが、この道路が今回、津波の通り道になった。便利を求めて地形を改変するのは、危険である。

生徒たちが互いに励ましあい、助け合って避難したあとの寒い夜を過ごした事例があった。

宮城県東松島市の野蒜《のびる》小学校の体育館は避難所に指定されていたが、津波が押し寄せ二十人が犠牲になった。地震発生後の午後三時五十分には、体育館には生徒六十人を含め三百人が避難していた。黒い濁流のガレキを伴った津波が押し寄せ、一気に三メートルまで上がった。二階天井の十センチ下まで迫ってきた。生徒たちは二階に避難していたが、階下では住民が渦に巻き込まれる状況を見ていた。木島校長もハンドマイクを持ったまま津波に飲み込まれた。二階にいた先生たちは、卒業式に備えていた紅白の幕を引きはがし、ロープ代わりに下に投げて何人も救出した。二階は生徒たちや住民ですし詰め状態になり、中にはずぶぬれで低体温症のために息を引き取る者も出た。窓の外は吹雪だったという。津波の恐怖と寒さで避難者は震えていた。その時、六年生の女子生徒が、「野蒜小ファイト！」と声を張り上げた。これを聞いた他の生徒たちも「ファイト！」と声を張り上げ、避難者もこれに続いた。数時間後に救出されるまで、この声援が互いを励まし、支えあった。

体育館は指定避難所になっていた。チリ地震津波で浸水しなかったので防災マップでは浸水想定域から外れていた。三階建の校舎に避難すれば、犠牲者は少なかったのではないか、との非難があったが、木島校長は、校舎の壁に亀裂が入っており、倒壊を恐れたという。ニュージーランドの地震で建物が倒壊した事例が頭をよぎったという。体育館に避難させたのは、最善の判断だと話した。

宮城県南三陸町の戸倉小学校は、一〇七人の生徒数がいるが、地震時には六年生が新一年生が入学式に胸に付けるコラージュを作っていた。地震のあと津波が来るというので高台の神社に避難して全員無事だった。小学校は津波に飲みこまれた。その夜、雪の降る中を三年生以下は神社の社殿の中に入れた。五、六年生は屋外で過ごした。キャンプファイアを行い、歌を歌って一夜を過ごした。六年生の卒業証書は、被災した小学校で見つかった金庫の中にあった。

教訓九　ここに紹介した二例は、いずれも避難した後の厳しい状況の中で、互いに励ましあうことの大切さを教えてくれた。特に雪が降るような寒い中では、言葉を発し、歌を歌うことが必須だと他の事例でも報告されている。

メモ十一　南三陸町の戸倉地区は九十人の犠牲者に数十人の行方不明者（三月二十四日付け）が出た。海岸から一キロ離れた山間部の西戸集落では、二十一人もの犠牲者が出た。ほとんどの住民は、チリ地震津波で津波が来なかったので、津波が来ることを想定していなかった。高台に逃げていればと悔やむ住民が多かった。

同じく南三陸町の志津川の秋目川地域は、海岸から三キロも離れているが、地震発生後五十分

後に、津波は八幡川をさかのぼり、線路や家屋を破壊した。大きな漁船や八トンもある保冷車、家等が流されてきたという。チリ地震津波の時も津波は来なかったので、津波浸水区域には指定されていなかった。

判断ミスで幼い命が奪われた悲しいケースがあった。宮城県石巻市の日和《ひより》幼稚園では、地震の後、二台の送迎バスが園児を親元に送ろうとしていた。一台は、問題のバスより遅れて出発したが、途中で津波警報を聞き、幼稚園に戻り難を逃れた。問題の送迎バスは、不可解な行動をした。すでに一巡目を終えて二巡目の園児十二人を乗せた。一度はバスから降ろしたが、再び園児たちを乗せて、出発した。補助職員を務める妻を乗せて運転手はどういうわけか海岸に向かった。日和幼稚園は日和山という小高い丘の中腹にあるから運転手は低い方に向かったことになる。走行途中で出会った親たちに七人の園児を引き渡した。この園児たちは無事だった。残った五人の園児たちは海と反対の山側に住む。二人の職員が幼稚園より少し高い門脇小学校でバスをみつけ、園長の伝言として幼稚園にもどるように指示した。バスは幼稚園の手前十メートルで津波に飲み込まれた。五人の園児が犠牲になった。この中に、佐藤愛梨《あいり》ちゃん（6）がいた。母親の美香さんは、津波に飲み込まれ焼けただれたバスを見つけ、その付近から愛梨ちゃんの遺品を探し当てた。運転手は津波に飲まれ、水を飲み、もがくうちに気を失い、気がついた時は家の屋根の上にいた。妻は行方不明になった。幼稚園のマニュアルでは、災害の危険のある時は、全員を北側園庭に園児を集めて落ち着かせ、保護者の迎えを待って保護者に引き渡す。極端に遅れる場合は、志津川小学校またはさらに高いところにある石巻市立女子高に避難させることになっていた。園長はマニュアルを守らなかった。

宮城県山元町の私立ふじ幼稚園は、海岸から一・五キロある。地震の時に、園児五十一人が残っていた。午後三時十五分ごろ戻ってきた二台の送迎バスに園児を誘導した時、津波に飲み込まれた。内陸に一・五キロ走れば津波浸水想定区域外だった。園児十八人を乗せたバスは、流された先で民家の二階に逃げ移った。そこで先生と女の子が亡くなった。もう一台の三十三人を乗せたバスは、天井まで水に浸かり、園児たちをバスの屋根に乗せたものの、ドアをあけたときに何人かが流された。運転手はラジオで津波警報を聞いていたと言い、先生たちは知らなかったという。防災担当の先生は、道路状態が悪いので避難しないと決めていた。園長は出張中で不在だった。

教訓十　津波の時に、子どもたちを保護者に引き渡す今の制度は見直す必要がある。理由の第一は、津波の到達する三十分以内に、親が自宅から幼稚園や小学校にきて、自宅に戻るのは極めて困難と言わざるを得ないからである。最初の五分は、地震の揺れで動けない。したがって十分で、子どものところに行き、十分で戻るのは至難の業である。第二の理由は、自宅が必ずしも津波に安全ではないからである。親は親で、子どもたちは、そこの幼稚園なり小学校で迅速な対応をして、それぞれが安全に避難するのを原則にするべきである。

第2章

生き残った家族

肉親を失った悲しみは言語に表わせない。夫婦のどちらかを失った話、親を亡くした話などは涙なくして語れない。新聞、テレビ、インターネットで沢山の悲しい記事が報告された。最初に悲運あるいは不幸な結末を紹介する。それぞれ状況は異なるが、共通した教訓が得られないかを考えてみたい。

岩手県宮古市の岩手東海新聞の記者は、事務所兼自宅の二階にいた時地震に遭遇した。取材をするため、階下に降りて、妻と一緒にパソコンやカメラを車に積んだりしていた。この時突然津波が襲ってきた。「二階に逃げろ」という夫の声に妻は二階に逃げて助かった。しかし、夫は間一髪遅れて津波に流された。夫は、妻の目の前で流されていった。一瞬互いに目があったという。

福島県南相馬市双葉町の新川広光さん（60）は、一旦は妻と一緒に避難所に避難したが、自宅が心配で妻と一緒に自宅に戻った。その時、津波に襲われ家ごと津波に流され、夫の広光さんは、運よく家の上に登り、引き潮で沖合十五キロまで漂流した。二晩海上を漂流し、三月十三日午前十一時に海上自衛隊のイージス護衛艦に発見され救助された。上空をとぶヘリコプターに手をふったが気づかれなかった。最後のドリンクを飲んだ時は、これでおしまいと観念したという。新川さんは、丸二日間転覆の恐怖に耐え続けた。妻は行方不明になった。

宮城県石巻市の三浦富士子さん（70）は、地震の後に夫の政行さん（77）と外に飛び出した。富士子さんは、夫から孫のいる小学校まで行くよう言われ、緑のジャンパーを手渡された。夫は「寒いからジャンパーを持って行け、オレは後で行くから」という言葉をかけてくれた。これが最後の言葉になった。政行さんは、近所の家に避難を呼びかけていたが、津波に流された。二人は金婚式を終えたばかりだった。

福島県浪江町請戸《うけど》地区に住む熊川勝さん（73）は、眼前に迫る大波に度肝を抜かれた。海岸から数百メートルの家はまともに津波に襲われた。妻洋子さん（73）の手を引いて、二階に駆け上がった。水位はみるみる上がり、洋子さんを抱えて、顔を出すのがやっとだった。勝さんが洋子さんに、「これまでありがとな」と声をかけると、「おとうさんありがとう」とうなずいた。もう一度、勝さんは「三人の孫の名前を呼んでおわりにしよう」といった直後に強い波が襲いかかり、洋子さんは沈んだ。勝さんは洋子さんの手を離してしまった。勝さんは、着ていたジャンパーが浮袋になり、天井と屋根の隙間で浮いて息ができた。引き波で家ごと流されたが、橋に飛び移って難を逃れた。福島県の浪江町は、福島原子力発電所に近いので行方不明になった奥さんの捜索ができないでいる。

岩手県大槌町の海岸に近い所に住む柴田昌子さん（74）は、大きな揺れがあった時、夫の正見さん（80）に大きな揺れはただ事ではないから早く逃げようと言った。夫は、「オレは二階に上がっているからいい。津波が堤防を越えてくるわけねえ」と言い張り逃げなかった。昌子さんは、夫婦で言い争いをしているときでないと判断し、夫を置いて自転車で逃げて助かった。夫は津波に飲み込まれ亡くなった。

教訓十一　夫婦が死に別れした悲しみを思えば、誰を非難することもできない。しかし、子孫に教訓として何かを伝えることで、許しを乞いたい。ここに紹介した事例を読むと、どうしてもっと早く津波から逃げなかったと疑問が残る。アンケートでも指摘されているが、取り敢えず自宅に待機していた、という答えが多かった。自宅が津波に対してどのくらい安全であるかの認識がないように感じる。自宅に帰ることに疑問を持っていないようにも見える。自治体のハザードマップに頼ることなく家庭ごとに安全を確信できる避難経路や避難場所を設定しておく必要がある。自分たちの命は自分で守る気概を持つべきであろう。

母や父を失った話も心が痛む。特に年老いた親を守れなかった者の悔しさはあまりある。宮城県女川町の平塚義勝さん（66）の自宅は小高い丘にあり、海岸から約三百メートル離れていた。足の悪い母みのりさん（93）を自宅前の道路に避難させようとしていた。その時津波が押し寄せ、みのりさんはガレキと山肌に挟まれ動けなくなった。苦しい、ダメだという母親の手を離して、山に逃げるより仕方なかった。

岩手県山田町の船越地区に住む山崎巌さん（75）は、病院で地震に遭遇した。同行していた娘の久美子さん（43）に車で自宅まで送ってもらった。家は、海岸からわずか百メートルで、三十世帯の集落にあった。近くの十字路には十数人の人が集まっていたが、緊張感はなかった。妻のカツ子さん（73）は、「お父さん早く！」と声をかけたが、巌さんは立ち話をしていてゆっくりしていた。そこへ津波が押し寄せ、車もろとも濁流に押し流された。カツ子さんは三月十五日、巌さんは四月四日に遺体で見つかった。

岩手県陸前高田市のソバ店「やぶ屋」は市の中心部で、一九六三年以来店を続けていた。店主の及川雄一さん（43）は、師匠で父でもある信雄さん（70）が店の前で近所の人に避難を呼び掛けているのを見た。「お前先に逃げろ！」といわれて雄一さんが車で高台に向かっていると、ドーという大きな音がして、津波は店を飲みこんでいた。ダメかもしれないと思いながらも希望をつないでいたが、四月十三日に信雄さんの遺体が見つかった。

宮城県女川町女川浜でカフェレストランを経営していた末永賢治さん（55）は、海岸から一キロ離れた店で地震に遭遇した。津波警報が出たので三人いた客を帰した。妻と従業員五人で店の前にあった駐車場の車の中にいたが、海を見ると電柱が倒れ、土煙が立つのが見えた。「津波だ、逃げろ！」と叫び車外にとび出し、裏山に向かって走った。振り向くと三人だけが助かったのみで四人はいなかった。

宮城県石巻市のボランテイア支援団体「いしのまきＮＰＯセンター」に勤務する武山加奈さん（25）は、父の勝浩さん（49）、母の良子さん（55）、祖母の直子さん（77）の四人暮らしだった。加奈さんは団体事務所で地震にあった。津波に備えて坂を登りながら家族が心配だった。自宅にいた良子さんは直子さんと近所の人二人を車に乗せて避難中津波に襲われた。泥まみれの車の中から見つかった良子さんの遺体は、ハンドルを握りしめたままだった。父は奇跡的に助かった。母と祖母を失った加奈さんは、悲しみの中にも地域の人たちのためにボランテイア活動を続けているという。

宮城県気仙沼市の主婦、大原枝里子さん（33）は、自宅で地震に襲われた。直後に運送会社で運転手をしている夫の良成さん（33）から携帯電話があり、「だいじょうぶ？」と聞かれた。これが最後の言葉になった。枝里子さんは、助手席と後部座席にそれぞれ里桜《りお》ちゃん（2）と里愛《りあ》ちゃん（五ヶ月）を乗せて、避難所の小学校を目指した。二十分たっても渋滞で前に進まない。ぶつかっても仕方ないと、思い切って反対車線側に入り、バックでアクセルを踏んだ。目の前に津波が押し寄せ、二台前の車が津波に飲み込まれた。二人を守ろうとして必死でバックをしてなんとか助かった。その日は車中で暖房なしで夜を過ごした。ガソリンを節約するためだった。翌日避難所に行き避難所生活が始まった。避難所生活は悲惨だった。オムツがなく、子どものお尻を拭いてやることができない。ストレスで母乳が出なかった。夫の悲報を聞いたのは三月十七日だった。気仙沼周辺で津波に飲まれたと聞かされた。

メモ十三　読売新聞が避難者に対して行ったアンケート調査によると、地震・津波発生一ヶ月後では、地元に戻りたいと答えた人の割合が六十五パーセントだったのに対し、三ヶ月後では、四十一パーセントに減少した。「町が復興できると思うか」に対する質問に、「できる」と答えた人の割合は、一ヶ月後に五十三パーセントだったのに対し、三ヶ月後は三十八パーセントに減少した。復興作業の遅れにあきらめムードがあることが読み取れる。移転したいと答えた人の割合は四十一パーセントだった。避難場所を変えた回数は、二十九パーセントは四か所以上と答え、最高回数は九か所だった。「最も困っていることは？」に対して、四十四パーセントの人が「お金がない」と答えた。

宮城県南三陸町歌津の港地区でサケ・マス漁、イカの刺し網漁、サンマ漁の漁労長をしている千葉茂喜さん（62）は、地震の時に海の近くにある自宅にいた。目の前が海である。咄嗟に裏山に登り、難を逃れた。しかし、兄の元町役場の職員征市郎さん（69）、叔母（78）ら七人が犠牲になった。実家にいた親族は津波の直撃を受けた。後ろにあった生家も志津川沿いの自宅も跡形がなくなった。千葉さんは気仙沼市に被害を免れた別宅を持っていたが、そちらに避難せずに自宅付近の工務店の作業小屋を借りて、地元の被災住民と一時寝食を共にした。千葉さんが乗っていた漁船「光洋丸」（一二七トン）は、気仙沼に停泊中津波と火災にあった。乗組員十六人が職を失った。兄夫婦の遺体は地震から二日目に自宅から百メートル離れたところで発見された。幸い兄夫婦の次女の三浦美樹さん（38）とその一人娘の優香ちゃん（8）は無事だった。

教訓十二　海岸近くに住む者は、これからはよほど警戒しなければならない。海岸からの距離も大切だが、海抜何メートルの所に住んでいるかも知っておく必要がある。海岸から三百メートルや五百メートルは全く危険区域である。すぐに十分以内に海抜三十メートルの高台や裏山に逃げられるように工夫しておくべきである。

幸運にして家族が助かった例もある。他人事ながら、「ああよかった」と安堵する。劇的に幸運な事例を紹介する。

宮城県石巻市の阿部寿美さん（80）と任《じん》（16）君は、おばあさんと孫の関係である。自宅の二階の台所にいた。家ごと津波に百メートル流された。家は潰れて二階の台所が傾いて流された。二人は台所に閉じ込められたが、幸いに冷蔵庫に水、お菓子、ヨーグルトなどがあった。寿美さんは何かに足が挟まり動けなかった。任君は冷蔵庫のものを寿美さんに与えた。布団があったので寿美さんにかけてあげた。任君は、壊れた家から外に出ることができなかったが、最後に何とか外に出て助けを求めた。こうして二人は、地震発生後から九日ぶりに助けられた。お父さんは元の家の場所を探したが、家ごとなくなっていたので発見できなかった。この劇的な救出劇は新聞、テレビで報道された。年配の寿美さんの方が、若い任君よりも回復が早かった。任君の足は凍傷にかかっていた。

岩手県釜石市の工藤さち子さんは、腎臓透析を終えた母親と自宅に戻ったところで地震にあった。自宅は浜町地区で海から八十メートルである。すごい揺れと繰り返す余震で母親を外に連れ出すのは無理と思った。午後三時十一分に海で潮が引いた。そこで異変に気がついた。三時十四分に津波が来た。最初津波はゆっくりだったので、急いで母と二階に上がった。しかし、三時十九分に津波は一気に押し寄せ、窓ガラス越しに見えだした。急いで二階の屋上に逃れた。津波は、背丈の高さになり、母親と屋上のさらに高い瓦屋根の下にある鉄のヒモ止めに必死でつかまった。全身水の中にあった。さち子さんはなんとか瓦屋根に登った。母親の服を持って懸命に上に引きずり上げた。母親は意識がなかった。うつ伏せにして顔や背中をたたくと口から水を噴き出し、意識が戻った。潮が引いた所で屋上に戻り救助を待ったという。この時の二人の姿が高台で撮影していたビデオに写されていた。

宮城県女川町指ケ浜でホヤやホタテの養殖をしていた佐々木隆昌さん（57）は家族三人と車で移動中に津波に遭遇した。左右の大きな揺れに車を止めると、電柱が大きく揺れていた。下から突き上げるような衝撃があった。津波が来ると思い、車で高台にある町立病院に着いたとき真っ白い津波が襲いかかってきた。病院の階段は人が沢山いたので、家族と一緒に病院裏にある神社の階段を駆け上がった。津波に追いつかれ、モモまで水につかったが、三人とも逃げ切った。神社の階段からは、病院駐車場の車が押し流されていた。人が乗っている屋根ごと流されていた。

岩手県山田町の平屋建てアパートに住む主婦、小田島朋美さん（28）は、携帯の画面に、「緊急地震速報、強い揺れに備えて下さい」が見えたと思うと、激しい揺れに襲われた。夫の宗史《むねひと》さん（31）は仕事で不在だった。長女の侑胡《ゆう》ちゃん（4）と次女の侑杏《ゆあ》ちゃん（3）に、「コタツの下に隠れて！」と叫んだが、茶碗やら、グラスが落ちて破片が飛び散った。揺れが収まると二人の娘は母親に飛びついた。お年寄りたちが外に飛び出していた。役場の放送があり、津波が来ると警報を伝えていた。実家の青森県八戸市の母親から電話があり、無事を知らせた。地元の親友から電話があり、互いに無事を確かめた。親友と携帯電話で話しながら外に出て、少し高台のアパートの周辺から海を見ると、真っ黒な水平線が見えた。すでに一階と二階の間の水位だった。目の錯覚かと思ったが、すぐに津波と分かった。背後でグシャという音が聞こえた。急いで携帯電話を切り、「ゆう、ゆあ、はやく！」と叫んだ。長靴をはかせ、ドアを開けると水は道路に来ていた。家から出られないと分かると長靴のままで廊下に出た。その時、窓ガラスが割れて、すごい勢いで水が入ってきた。海と反対側の窓から脱出しようとすると、そこからも水が入ってきた。「ママ、冷たい！」という娘の声に二人を抱きかかえた。コタツが浮き始め、子どもたちの背まで水が来た。二人のお尻を持ち上げたが、どんどん水位は上がっていき、長靴が床に落ちて背が立たなくなった。高さ二メートルの天井まで水が上がり、三人とも水に沈んだ。二人は足をバタバタさせている。どうせ死ぬのなら、この手を絶対離さないと二人の体をギュッと抱きしめた。何分くらいかかったのか、遠のいていた意識が戻り目の前が明るくなった。口を開けて息が吸える。目を開けると、水は引き、足が床に着いた。部屋はグチャグチャしていた。抱きかかえていた二人を見ると、侑胡は茫然としていて、侑杏はむせていた。「生きている！」ではないか。侑胡ちゃんの手を引き、侑杏ちゃんを抱きかかえて、外に出て必死に駆けて、高台にたどりついた。周囲はガレキで埋まっていた。水に浮いている家もあった。三月十三日に夫の宗史さんと再会できた。この日、侑杏ちゃんの三才の誕生日だった。家族は、「日常って幸せ！」と思っている。

宮城県東松島市新東名の会社員桜井秀人さん（44）は、野蒜《のびる》地区に近い自宅で地震に遭遇した。

停電になり、雪も降ってきたので、息子の辰徳《たつのり》君（8）と車の中で暖をとっていた。妻の由香さん（36）に無事だとメールを送ったとき、地鳴りのような音がして、あっという間に津波に車ごと流された。車の中に水が入り込み、アゴまで水が来た時、後部のガラスが割れた。辰徳君を先に脱出させてから、秀人さんも外に出た。息子の手をしっかりつかんでいたが、沈んだり浮いたりしているうちに手が離れてしまった。水の中の疲労で、もうダメかと思ったが、「生きてやる！」と思い直し、「辰、がんばれ！」と声をかけた。秀人さんはタイヤにつかまり、辰徳君は木の枝につかまっていた。かなりの時間が経ったあとで水が引き始めた。流された距離は一キロにも達していた。奥さんの由香さんは、娘の陽与里ちゃん（6）が通う幼稚園に駆けつけて助かった。その日は幼稚園に泊まった。津波が来る前にメールをくれた夫とは連絡が取れなくなっていたが、一家は全員無事だった。

岩手県陸前高田市広田町の高橋悦子さん（47）は、地震が起きたあと、広田小学校に長男の裕喜君（当時六年生）と次男の凛人《りんと》君（当時四年生）を車で迎えに行った。二人を車に乗せて、海沿いの道を運転していると、右側から強い波の衝撃を受けた。次の瞬間車は波間に浮いていた。三人ともパニック状態になった。百メートルほど流されると、二本の木にせき止められた。後部のガラスが割れて、水が入り込んできた。外の水の高さは二メートルあった。第二波、第三波の襲来も心配だった。その時、裕喜君が「波が引いたら泳いで逃げよう！」と呼びかけた。親子三人が外に出て、無我夢中で二、三十メートル泳いで、広田小学校に続く裏道にたどりついた。津波が引いた後、車を見に行ったら、海水とガレキに巻き込まれ、無残な姿をしていた。ガレキの中から地元の消防団が、野球スポーツ少年団の帽子とランドセルを見つけてくれた。裕喜君と凛人君の宝物となった。

岩手県釜石市大字平田の平野清人さん（58）は、弟の佐藤清二さん（54）の運転で大槌町から釜石市の自宅に向かう途中で地震にあった。津波を予感した二人は、一人暮らしの義母の、平野ミサオさん（96）の家に向かった。アパートの前には、妻勝子さんや親類が集まって、ミサオさんを避難させようとしていた。清人さんが自宅にかばんを取りに行った時に、外から清二さんの「津波だ！」の声が聞こえた。国道を越えて迫ってくる津波が見えた。清二さんと勝子さんは、義母を車に乗せて避難しようとしていた。清二さんの車の後部座席に乗っていた勝子さんを車外に出そうと清人さんがドアを開けた瞬間、津波に飲み込まれ、何かにぶつかり意識を失った。気がつくとガレキや土砂に埋もれた自宅の中にいた。妻の勝子さんの名前を呼び続けると、か細い声が勝手口の外から聞こえた。アパートの壁に垂直になった車の中に勝子さんがいた。割れたフロントガラスから妻を助け出した。二人は、骨折と打撲で傷だらけだった。二人は運よく通りがかった車に助けられ、親戚の家に避難することができた。ミサオさんは先に逃れていたが、清二さんは、二日後に死亡が確認された。

岩手県山田町の佐々木宗雄さん（66）は、地震直後、山田町境田の堤防沿いに住む住民と一緒に戸外に集まった。水門の様子を見てきた人が、海は渦を巻いていて危ないから逃げた方がよい、と報告した。皆がそれぞれ逃げることにした。崇雄さんは、足が不自由である義母の織笠トミヱさん（86）がいる自宅に向かった。車でトミヱさんを避難させようとしたが、水門から水があふれているのを見て車をあきらめ、トミヱさんを支えて二階に駆け上がった。窓から堤防を越えてくる津波が見えた。すぐに二人の腰が水に浸かった。二人がいた二階部分が音を立ててちぎり取られた。二人は出窓の棚に座り、身を寄せ合った。崇雄さんは窓に入ってくる流木やガレキを棒で跳ねのけたという。「もう死んでも良い」というトミヱさんを励まし、流れに身をゆだねた。二十代の男性が、家のパラボラアンテナにしがみついていて、助けを求めるので引き揚げて助けた。約一キロ流されて家が止まった。まだ周囲は四十～五十センチの水があった。あちこちで火が上がっていた。近くの三人の男性がイスに乗せたトミヱさんを抱えてくれた。無事に山田南小学校に避難することができた。佐々木さんは、はだしだった。

福島県南相馬市原町の佐々木和明さん（62）は、地震の時自宅にいた。和明さんは、七キロ先にある高齢者施設の「ヨッシーランド」にいる母親のリイさん（90）を迎えに車で向かった。リイさんは寝たきりで入所していた。和明さんは、車を施設前に置くと、避難してきた老人たちの中からリイさんを見つけて高台に避難を開始した。「津波だ！」、「逃げろ！」、「早くしろ！」などの叫び声が入り混じった。海岸の方からすごい勢いで津波が押し寄せ、黒い水に腰まで浸かった。海岸から施設まで約二キロあるが、津波が到達するのに数十秒しかかからなかった。和明さんは、他の二、三人の高齢者を避難させたが、津波に飲みこまれたり、引き波に流されたりしたという。数十台の車が建物にぶつかり、滅茶苦茶に壊れた。幸い、和明さんはリイさんを守りきることができた。リイさんは無事、相馬市市立病院に収容された。

ある女性の長女が生還した話をブログで知らせた記事があった。要約するとつぎのようである。娘は、仙台空港近くで友人三人とレンタカーに乗っているとき津波に飲み込まれた。津波と一緒に多数台の車がすごい速さで押し寄せてきた。気がついた時には車の外に投げ出され、波の中にいた。泥水を飲みながら水面に出たり、沈んだりを繰り返した。体が浮いた時、目の前の鉄柱にしがみついた。一瞬スマトラ沖の地震津波のシーンがよぎったという。しばらくすると車が流れてきたのでその上によじ登った。幸い空港内にいた人たちに助けられた。二日後の三月十三日に仙台駅に搬送され、生還できた。仙台空港では、靴やズボンや防寒服などを与えてもらった。別れ際には千円札三枚と公衆電話用にコインをくれた人がいた。千円札の間に一万円札が挟まっていたという。仙台駅から母親と父親に連絡が入って互いに無事を確認した。家族は、仙台駅前のタクシー乗り場でうずくまっていた娘と涙ながらに再会できた。友人三人は、その後遺体で確認されたという。

教訓十三　家族が助かったからよかったものの、共通して言えることは、初動が遅かったことといえる。津波が来るまで三十分あるが、そのうち十五分くらいは避難に使えたはずである。メールをしたり電話で安否を確認したりする心情は理解できるが、津波は待ってくれないことを理解し、とにかく先に逃げてからそののち安否の確認をすべきであろう。

ある女子大生の手記が日記の形でブログに紹介された。避難所で過ごしながら家族全員が助かった経緯が綴られていた。避難所の生活が分かるので要約を紹介したい。名前を仮にAとする。Aは、地震後津波警報があったので車で祖母と女川町の第一中学校へ避難した。最初の津波警報は三メートルと放送された。警報から十五分から二十分後に海面が持ち上がり、徐々に海面が上昇し、最後はすごい勢いで津波が押し寄せてきた。バキバキと言う音や爆発音が混じり、女川町は津波の渦が巻いていた。家、駅、生涯教育センターなどは、破壊され水没した。海岸からは船が流されてきた。家は水面に浮いて流れていた。津波は避難した中学校の海側の坂の半分まで来ていた。避難してきた人たちの肩に雪が積もっていた。実際に来た津波は三十メートルもあったように見えた。津波は清水町の奥まで達し、見える箇所は水没していた。高台にある町立病院の一階まで津波が押し寄せ駐車場の車は流された。二階にいた人や、海岸から遠くに住んでいた人たちは流された。安心していたに違いない。津波が押し寄せている間も余震が続いていた。避難した中学校のグランドにひび割れができたので、総合体育館に移動した。体育館も窓ガラスなどが壊れていた。Aは、車の中で暖をとっていたが、ガソリンが少なくなったので体育館に移動した。体育館は最初閉鎖されたが、その時は開放され、入口近くでたき火がされていた。電気、ガス、水道は止まり、ケータイも使用不可だった。体育館の中は自家発電で薄暗く、その上寒くてとても寝られる状態ではなかった。体一つで逃げてきた人がほとんどで、身を寄せ合い、避難した時の話を互いにしていた。肉親を捜す人、肉親と別れてしまった人、妻や子どもを失った人、車ごと流された人を見た人など様々だった。自分のことで精一杯で、目の前で助けを求めていた人を助けられなかった人が多かった。Aは、不安の中で、そして余震が続く中で一晩を過ごした。Aは地震直後は母と弟とは連絡が取れていたが父とは連絡が取れなかった。Aは何も食べるものがなかった。二日目、父が顔中傷だらけで体育館に来た。津波に遭遇したがなんとか逃げ切り、隣の小学校で一夜を過ごし、山を越えて体育館に来たのであった。涙の再会だった。他の場所からも体育館に避難してくる人たちが集まり、体育館は満杯状態になった。昼ごろ配給があり、お椀に半分の具がほとんどないスープが飲めた。Aは昼間、父と町を見に行ったが、更地の壊滅状態の町だった。町がガレキの山で、自宅も会社もなくなっていた。夜になると、道路の側溝に使われていた鉄の金網を使って拾ってきた魚を焼いていた。子どもと老人が優先だったが、Aもなんとか食べられた。お腹がすいていたので、夢中で食いついた。避難所になった体育館は、人の息、生臭さ、仮設のトイレの悪臭、煤のにおいなどで悲惨な状態だった。足を伸ばすことも寝がえりを打つこともできない。食べ物もなく、家族と連絡が取れず、皆苛立っていた。その後、Aは父とケータイの電波が届く地域まで避難することができ、母と連絡が取れ、祖母を迎えに行き、家族全員が再会できた。

教訓十四　Aは、ブログの中で、自己防衛として日常生活で災害に備えるアイデアを提案している。

これを教訓としたい。ポケットの多いジャケット防寒衣などにキャンディー、ナッツ、ひげそり、ティッシュを入れておく。できたらナップザックかリュックも持ち歩き、その中にフェースタオル、ラジオ、懐中電気、軽食、ペットボトルの水、手袋、ゴミ袋、下着、靴下、ホカロン、生理用品、マスク、医薬品、ヘルメットを入れておくことを提案したい。夜ベッドのまくら元に置いておくとよい。避難の練習は各自頻繁に行い、近所や身内との連絡方法を確認しておく。何分何秒で安全な場所に避難できるか計っておく。避難は自分で何度もシミュレーションしておくとよい。

メモ十四　外国のメディアで報道された日本人避難者のマナーの良さは、称賛に値するものであった。日本以外の国なら、避難所の食糧を受けるのに列を作らないで我先に奪い合いをするという。日本人が静かに順番を待つ姿に、外国人にはよほどびっくりしたらしい。外国の店では品物薄になることを予想して便乗値上げをするという。店を略奪する者も出る。日本では列を作るというのは、当たり前の規律なのだが、非常時でもできる国は少ないという。おにぎり一個を三人で分けて食べた話もあったが、外国ではありえないと言われた。今回の津波でガレキから発見された金庫は五千七百個で、総額二十三億六千七百万円であった。警察庁の許可で県警が金庫を開けたところ、中から証書や銀行通帳などが出てきて所有者が確認でき、九十六パーセントは所有者に返還できたという。これらの金庫が正直に警察に届けられたのは日本人の道徳観の高さを現している。金庫に入っていた最大額は、石巻市での九千九百万円だった。

愛犬を守った事例があった。犬や猫など津波や原子力発電からの避難で放置された悲しいケースが、テレビや新聞で報道された。ペットは飼い主からすれば家族同様である。今後の教訓に生かしたい話である。

岩手県宮古市津軽石の摂待《せったい》寿子さん（47）は、自宅にいるとき地震に見舞われた。自宅には夫と愛犬七匹がいた。一頭ずつ衣装ケースに入れて屋根にいた夫に手渡ししていた。この時津波に襲われた。間一髪、屋根の上に逃れて難を逃れた。翌朝、カヌーで救助に来た消防士は、犬を諦めろといった。愛犬を見殺しにできないので、救助を断った。近くの知人らが、消防士にとりなして、一緒に救助されることになった。仮設住宅の応募では犬がいると不利であるし、余震のたびに震える犬を見て、里親をさがして、犬たちを他人に譲る決断をした。犬にとっても、別の場所にいたほうが幸せと思った。三月十七日、被災動物後援会があり、里親候補が集まることを知った。市内の県合同庁舎に約百人の里親候補が集まった。獣医師と飼育環境を調整したうえで、引き取り先が決められた。幸い、七頭全犬の引き取り先が決まった。寿子さんが大切に育てた雑種犬のダンボ（3）は、田鎖さんに引き取られたのだが、田鎖さんは長男が行方不明であり、息子と思って大事に育てたいという。

教訓十五　大災害では、人間が最優先されるのは仕方ないが、ペットの扱いは再考を要するであろう。もし、一緒に助かったのであれば、どれだけペットに励まされ、心が癒されるか計り知れない。猫は場所を変えるのは難しいが、犬は一時的に預かることは可能である。ペットの避難所もあってよいと考える。

メモ十五　宮城県気仙沼市の沖合一・八キロの海上で漂流している屋根の上に犬がいるのを発見し、宮城県第二管区海上保安本部が四月一日、地震から三週間ぶりに救助した。この犬の救助がNHKで報道されると、気仙沼市の女性飼い主が名乗り出て、犬は、宮城県動物愛護センターで無事飼い主に引き渡された。この犬は、メスの雑種の二才で、名前を「バン」という。

津波から助けられたのに、その後避難所を転々として、亡くなった寝たきり老人の悲しい話があった。福島県いわき市に住む新妻一男さん（67）は、外出先で地震にあい、あわてて自宅に戻り、寝たきりの母親、栄子さん（89）を助けようとした。介護用ベッドの手すりをつかんだ瞬間に津波に襲われた。津波は天井近くまで上がり、一男さんと栄子さんは、ベッドごと浮いた。水が引くと近くにいた妹の玲子さん（58）は、倒れて息を引き取っていた。この日の昼は、栄子さんは、食欲があり、煮魚やイチゴの昼食を全部食べていた。搬送先の病院で、低体温症と診断された。医薬品やその他の物資が不足し、入院五日目の三月十六日に転院を勧められた。避難した中学校から三月十六日夜に見巡りに来た医者は、今夜にも危ないといった。そこで三月十七日に別の病院に移った。そこでいったん体調は回復したかにみえた。四月七日ごろ、病状が安定してきたといわれ、四月九日に市内の特別養護老人ホームに移った。入所後、栄子さんは体調が悪くなり、点滴の注射針が入らなくなり、四月十八日に病状が急変し、十九日の朝亡くなった。

教訓十六　高齢者は場所を動くだけで大変な負担になる。絶対に転々としてはいけないであろう。それより、病院や老人ホームは、津波から安全な場所に立地しておくべきである。災害弱者が安心していられる環境づくりは将来必須である。同じように学校、役場、警察などの公共施設も津波に対して安全な場所に立地すべきである。

第3章

津波に流された人たち

津波に飲みこまれ、流されても助かった人たちがいる。まさに奇跡的な生還と言える。九死に一生を得た人の話には多くの教訓が含まれている。

宮城県石巻市は、被災市町村の中で、死者・行方不明者が約五千七百名と最大であった。石巻市の事例を四つ紹介する。石巻市の市役所に勤めている牧野輝義さん（42）は、地震の後、北上総合支所の二階で地震の被害状況をまとめていた。バリバリという音がしたと思うと、津波が一階に流れ込んできた。そのうち二階にも水が流れ込んできた。事務所の奥にある小部屋に避難したが、水は腰の高さまで浸かってしまった。次の瞬間部屋の壁が壊れ、体ごと外に流された。洗濯機の中に入ったようにグルグル回り、揉まれた。第二波、第三波になるとさらに流れの速さは増した。手足がもげそうになったが、夢中で手足を動かすと顔が水面に出た。流れてきた角材にしがみつきながら足を動かした。足は激痛に襲われたが、動かし続けてなんとか陸地に泳ぎ着いた。左足首は骨折していた。

石巻市南部沿岸部の自宅にいた主婦（60）は、大きな地震の揺れがおさまった後で外に出ると、道路は車で渋滞していた。チリ地震津波では、自宅から約一〇〇メートルの高台に避難したが、津波は来なかった。今度も津波は来ないだろうと油断した。自宅に戻り、叔母夫婦と二階に上がったところ、窓から大きな津波が押し寄せてくるのが見えた。すごい勢いの津波に家はもぎ取られ、二階部分が流されていた。外の景色が動いていた。東に二百メートル流され、貯蔵タンクに衝突して家が止まった。そこで夜を過ごした。叔母夫婦が眠らないように声をかけ続けた。朝になって周囲を見ると、ガラス片とガレキだらけだった。ハダシなので布団を敷きながら避難所に脱出した。

同じく沿岸部に住む田倉昌枝さん（65）は、地震の後、車で自宅の北にある市立門脇中学校に向かおうとしたが、渋滞していたのでやむを得ず、走って門脇中学校へ逃げた。校庭には避難してきた人たちの車が数十台駐車していた。車内にも人が見えた。昌枝さんは学校のわきにある体育館に逃げ込もうとしたが、天井から落下物があって危険というので、学校裏手の高台に向かった。その直後、津波が襲ってきた。三階建ての校舎は二階まで水位が上がり、校舎に駐車していた車はすべて飲み込まれ、互いにすごい音を立てていた。学校の西側では火災が発生した。火が風であおられ、校庭にあった車のガソリンに引火して、一帯が火の海になった。昌枝さんは体育館にいたら危なかった。

石巻市の中央にある商店町で金物店をしている後藤彰さん（62）は、地震の揺れをそれほど大きいと感じなかった。店は海から三キロ離れているし、津波は来ないだろうと思い込んでいた。しかし、津波は突然道路に流れ込み、店にも一気に押し寄せた。二階に上がろうとしたが階段がふさがって行けず、仕方なく一階の天井近くの商品棚にしがみついた。水は胸まで達し、ダメかと思った時に天井に穴が開き二階に這い上がることができた。店は泥だらけで商品も汚れたが、店が残っただけでも幸運だった。

メモ十六　石巻市を流れる北上川は、東北大学の調査によると、津波が五十キロも遡上していたという。河口から四キロにあった橋は落下し、六キロにあった川沿いの村は浸水し、十四キロの農地が冠水した。国土交通省が北上川に設置した水位計のデータによると、津波は、河口から十七キロ地点にある高低差三メートル以上の堰《せき》を乗り越えたとみられる。国土地理院が公表した津波浸水区域マップによると、北上川の河口から十五キロまで津波が押し寄せたことが航空写真から判読された。

岩手県陸前高田市は死者・行方不明約二千二百人の犠牲者を出した。津波に飲みこまれたが生き残った三つの事例を紹介する。陸前高田市の市役所の女性職員（49）は、三階会議室の中央にいた。窓の外に土煙が立つのを見た途端、津波の黒い水が窓を破って侵入してきた。この女性は、波に飲み込まれ廊下を行ったり来たりした後、会議室の向かい側にある倉庫の中に流れ着いた。暗い倉庫の中で水が天井まで頭一つ分まで上昇した。浮いたソファーにつかまりなんとか呼吸ができた。そのうちやっと水が引き、なんとか助かった。市職員二九六人のうち死者・行方不明者は六十八人だった。市民会館に避難した者は三十五人だった。

陸前高田市米崎町の菅野照子さん（66）は、海岸から約一キロの自宅にいた。地震発生直後、海の方に高さ三メートルくらいの津波が押し寄せるのを見た。あわてて二階に上がった。階段は、海水が吹きあがっていた。「津波だ！逃げろ！」の声が聞こえた。窓の外では、車や家が流されていた。二階から天井裏にのがれたが、遂に波に流された。流れてきた発泡スチロールにしがみつき、流されていた。恐怖と寒さに震えながら流され、激流に揺られているうち、地に足がついた。九死に一生を得た。

教訓十七　「津波は来ない」という思い込みはもっとも危険である。思い込みは、他の選択肢を見殺しにする。思い込みと違う結果に遭遇すれば、頭の中はパニック状態になる。地震の後の判断と行動の早さが、生死を分け、被害の大小を分ける。

津波に流されながらも、何かにしがみついたり、つかまったりして助かった事例は多い。いくつか奇跡の生還劇を紹介する。ある年配の女性は自宅で津波にあい、二百メートル流されたが、運よく三メートルくらいの庭木の上にしがみつくことができた。必死でこの木にしがみつき、雪の降る寒い中を十五時間そこにいて三月十二日の早朝に救助された。木の周りは水浸しだった。「助けて！」を連呼していたという。この庭木は命の恩人となった。

岩手県宮古市の漁師をしている山崎義則さん（63）は、自宅にいるとき地震にあった。家の外に飛び出し、軽トラックの荷台にうずくまり、運転席後方の支柱にしがみついた。電柱がバリバリと折れる中、高さ三メートルの津波に飲み込まれた。上下、前後左右にグルグル水の中を回り、水の中に引きずり込まれて何も見えなかった。光を頼りに明るい水面に顔を出すことができた。何度も津波が押し寄せ、そのたびに波の中に飲まれた。運よく山に流れ着いた。中腹まで必死に這いあがった。近づいてきた人の顔を見た途端に意識を失ってしまった。しかし、助かった。

岩手県宮古市の石曽根長福さん（57）は、地震後、市内で経営する別のコンビニの様子を見に行く途中で津波に襲われた、車の外に出てから首まで水に浸かり、とにかく高いところへ行けば助かると思い、咄嗟に近くの信号機によじ登った。そこからさらに高い電柱に飛び移った。その様子を宮古市市庁舎の六階にいた中村寛亮《ひろすけ》さん（35）がカメラに収めていた。その電柱に午後六時までしがみついていたが、「暗くなる前に逃げろ！」の市職員の声に泳いで、近くの市役所分庁舎まで行き、さらに避難所に行って助かった。

メモ十七　宮古市の田老地区は、過去に津波の甚大な被害を受けた場所として象徴的な場所であった。明治二十九年（一八九六）の地震津波では、人口の八十三・一パーセントにあたる一八六九人が死亡し、全村三四五戸が全滅した。昭和八年（一九三三）の地震津波では、人口二七七三人の三十二・五パーセントの九一一人が死亡し、五五九戸のうち、八十九・四パーセントにあたる五〇〇戸が壊滅した。今回は、住民約四千人のうち死者一一五人、行方不明者七十二人（四月十六日付）であった。明治、昭和津波より犠牲者は少ないとはいえ、田老地区が投資してきた防潮堤の規模にしては多いと言える。田老地区は、昭和津波のあと約五十年にわたって、高さ十メートルにおよぶ防潮堤を、三つの地域に分割して、周囲を防潮堤で囲み総延長二・四キロに及ぶ防潮堤を昭和五十四年に完成させた。田老の「万里の長城」といわれて、田老地区の誇りでもあった。二〇〇八年には津波ハザードマップが完成し、津波対策は万全といわれた。地震から三十三分後には、明治津波とほぼ同じ十六・八メートルの津波が来ることが予想され、今回予想された地域とほぼ同じ面積が被害にあった。三つに区切られた地域すべてが被害を受けた。ハザードマップには、十八か所の高台が避難場所に指定されていた。これが被害を小さくしたといえる。しかし、住民の中には、高さ十メートルの防潮堤を過信して、避難しなかった人もいたという。田老地区の住民を守ったのは、防潮堤ではなく、高台に避難したことだったと言える。田老地区にある切り立った岩の崖には、明治津波および昭和津波が浸水した高さ（それぞれ十五および十メートル）の箇所に白色標識が張られていたが、平成津波は遥かに高い二十二メートルだった。

これだけ被害に見舞われても、その後の田老地区の住民の約半数は、海岸に住みたいと言い、残りの半数は、山間の高台に集団移住したいという。岩手県では、市街地全壊の町（陸前高田市など）は、公共施設を高台に移し、海側市街地が被災した町（大船渡市など）は住宅を高台に移し、海辺集落が被災した集落は、集落ごとの高台移転または土地のかさ上げを図るという三つのパターンを提示した。

ある男性は、地震の時自宅の二階にいた。津波警報は出ていたかもしれないが気に留めなかった。突然津波が二階の窓を破って入ってきた。家は津波の衝撃でつぶれそうになった。自分自身は水の中にいた。ダメかと思ったが、窓から外に必死で脱出できた。着ていたジャージが木片にひっかかり動けなくなった。なんとかジャージのひっかかりを外し、水の上に浮くことができた。流されるままに老人ホームの三階の屋根にたどり着いた。窓から中に入れてもらい助かった。肋骨の骨が折れ、顔は傷だらけだった。家族の行方は不明という。

宮城県多賀城市八幡で二十四年前から理髪店「ヘヤーサロンシュン」を営む金城俊史さん（54）は、地震発生の時、店にいた。数分間の激しい揺れに襲われた。店から四キロ離れた七里ガ浜町にある自宅にいる長女の香奈さん（21）が気になり、妻のトミエさん（50）を店に置いて、自宅に駆け付けた。しかし香奈さんはおらず、店に戻った。午後四時ごろ、ゴーッという音が聞こえ、「津波が来るぞ！」という声が聞こえた。ドアを開けて外に出ようとしたが、車が流されてきたので、急いで店のドアを閉めた。金城さんは、高さ二メートルの棚の上によじ登った。外の様子を見ていたが、店のガラスが割れて津波が店の中に突入してきた。水は身をかがめた棚の上まで上がってきた。このままでは、死ぬかもしれないと思い、意を決して濁流の中に飛び込み、流木をつかんだ。入口近くのガラスを割り、外に脱出しようとした。しかし、水位は高く、脱出できないと判断して、元の棚の上に濡れたままで戻った。外では雪が降っていた。水が引くのを待った。約二時間後に胸の高さまで水が引いた。理髪店の二階の部屋に避難させてもらい、着替えて毛布を貸してもらった。しかし、しばらく震えが止まらなかった。濡れたままでいたら、凍死していたかもしれなかった。あとでわかったが、香奈さんは妻のトミエさんと一緒に避難所に避難していて無事だった。

岩手県釜石市の岩手東海新聞社の千葉記者は、本社の編集室にいた時、地震にあった。凄い揺れで、机が倒れないように押さえていた。揺れが収まったあと、車で市内の実家に行った。母親（77）と長男(1)が高台に避難していることを確認した。そこで港湾事務所の近くを流れる大渡川に取材に行った。写真を取って川を見ると水位が上昇していた。港湾事務所の屋上に避難した人たちが、「津波が来るぞ！逃げろ！」と叫んでいた。正面から津波が押し寄せてきた。すぐ隣の飲料メーカー営業所の窓ガラスが割れた。一気に津波に飲み込まれた。死ぬかもしれない気持ちと死ぬものかという気持が交錯した。三十メートル流され、山積みの石炭の斜面に引っかかった。上から伸びていたロープをつかみ、石炭の山の上まで這いあがった。九死に一生で助かった。岩手東海新聞社では十九人の職員のうち二人が亡くなった。

教訓十八　物を取りに行ったりしてはいけない。子どもを迎えに行ってもいけない。取材に行ってもいけない。自宅で待機していてもいけない。地震発生後直ちに高台など安全な場所に避難しなくてはいけない。津波は思った以上に早く来る。とにかく各自が、それぞれ高台に逃げなくてはいけない。

津波に飲み込まれたにも拘わらず、互いに助け合った人たちもいた。宮城県名取市の幼馴染の高橋幸二さん（25）と橋浦彩《たみ》さん（26）は、岩沼市のレストランで昼食を取っていた。地震の後、あわてて名取市に戻った。消防団員が津波警報を叫んでいた。海岸から一キロの橋浦さんの家に戻ると、家族はすでに避難していた。祖父母の遺影が壁から落ちそうなのを直していたら、津波の地鳴りが聞こえた。三時五十二分だった。急いで二階に上がった。近所の屋根より高い灰色の壁のような津波が見えた。二階の部屋に入った途端に、凄い音とともに部屋は壊れて屋根が覆いかぶさってきた。二人は隙間から抜け出し、屋根の上に腹ばいになった。激流の中を家から切り離された屋根は内陸部の方角に流れていった。家と家が周りでぶつかり合った。幸二さんの顔に電線が当たり、幸二さんは激流の中に投げ出された。彩さんは幸二さんの右腕をつかみ屋根の上に引きずり上げた。ガレキに引っかかっていた漁船のそばを通った時二人は甲板の上に飛び移った。午後六時半ごろまで二人は励ましあって、甲板の上にいた。腰まで浸かって歩く若者を見て波が引いたのを確かめた。二人は漁船を下りて、近くの民家に助けを求めた。幸二さんは左手に大きな傷を負っていた。

サッカーのベガルタ仙台ユースの選手、藤澤恭史朗君（15）は、東松島市立矢本第二中学校三年生であった。外出先で地震に遭遇したあと、東松島の自宅に戻ろうとしていた時に津波に飲みこまれた。必死で津波から逃れようと頑張っていたところへ、後ろから母子が流されてきた。三人で近くの軽トラックの屋根に登り難を逃れた。しかし、水かさが増し、胸まで水に浸かった。藤澤君は子どもを肩車し、母親を左手で抱え、長い時間流れに逆らってこらえた。やがて水が引き、無事避難所へ二人を届けることができた。

教訓十九　津波から人を助けるには筋力と耐久力が必要である。普段から体力をつけておかなければならない教訓である。

津波から九死に一生を得た人の中で一番壮絶な記事がブログで紹介された。その物語はまるで映画のシーンを見るようであった。名前を仮に「K」としておこう。Kは、宮城県亘理町荒浜海水浴場でサーファー相手の救命インストラクターをしていた。三月十一日（金）の午前九時から、役場の依頼でライフセービングの訓練を実施していた。金曜日から三連日の予定で救助要員の大学生と砂浜をダッシュして相当疲れていた。午後三時を目途に訓練を終えようとしていた。海を見るとお湯が煮えたぎっているように泡立っていた。と思う間もなく立っていられないほどの激震が襲ってきた。異常な揺れが揺れに揺れた。砂浜が割れて段差ができた。尋常な地震でないと感じ、ただちに避難を指示した。浜の中ほどから防波堤までは遠かった。必死に走った。それぞれ車で高台に逃げるように指示した。Kが自分の車に乗ろうとしたとき、釣り人が海に落ちたと知らせがあった。消防団員は泳げないというので、浜に引き返し、一人ずつ助けた。四人目の時に横にいた若者が一瞬のうちに沖に流された。雷鳴のような音がなり、潮がさーっとひいた。空は墨のように黒く、渦巻いていた。

要救助者はまだいたが、自身の身を守るために、水から上がり服を着た。海では「助けてくれ！」と叫ぶ声がした。振りかえると、そそりたつほど高い白い壁が近づいてきた。死に物狂いで浜を走った。轟音の津波が背後に迫る。間一髪で、ブロック塀に飛び付き、すぐに横の電柱に飛び移った。上へ上へと登った。足下を濁流が流れた。松林をなぎ倒し、家を押し流した。すべてを木端微塵に破壊した。ワイヤーで固定された電柱と鉄筋コンクリートの建物以外は流された。それから約三時間、Kは救助が来るのを信じて電柱にしがみついていた。上空をヘリコプターが舞うけれど気がついてくれない。太陽は沈み始め、指先は凍りそうだった。吐く息は白かった。

このままでいたら死ぬと思い、意を決し、自分で脱出することにした。恐る恐る高圧電線を触ったが電流は流れていなかった。電線にぶら下がり、レスキュー隊のように次の電柱を目指して前に進んだ。地上から二十メートルもある。落ちたら最後だ。突風にあおられ何度も落ちそうになった。太陽がどんどん沈んでいく中を、イモムシのようにノロノロと進んだ。寒くて冷たくて何度もあきらめかけた。クンダリーニ・ヨガ（火の呼吸といい、腹式呼吸を一分に百回以上行うと体が熱くなる）をしたが、すぐに体は冷える。こうして何本かの電柱を綱渡りして最後の電柱にたどり着いた。

しかし、最後にたどりついた電柱の電線は切り裂かれていた。落胆と絶望があった。切れるカードはすべて切ってしまった。眼下は地獄絵図で死体が累々である。耳に打ちつけるミゾレが冷たい。感覚が麻痺している。あたりはすでに暗黒の闇となった。暴風雪になった。このままでは凍死する。

Ｋは最後の決断をした。犬、猫、牛、馬、豚などの死体の他に人間の死体が浮かぶどす黒い濁流の中に身を投げて泳いだ。服はたっぷり冷水を含んで重たい。木から木へ、ガレキからガレキまで泳いだ。うねりがあった。全身全霊を込めて必死で泳ぎ続けた。海に引きずり込まれそうになったが、壊れた防波堤の残骸にぶつかって止まった。コンクリートに手をかけ、体を上に引き上げた。朝から飲まず食わずであった。もう残っているエネルギーはない。よろめきながら、一歩ずつ歩いた。疲労と空腹で倒れる。渾身の力を振り絞ってまた立ち上がり、歩いた。ガレキの山にうずたかく重なった流木が行く手をさえぎる。よろけては歩いた。こんなことを繰り返していた時、轟音とともに津波の第二波が襲ってきた。まさかと思った。その瞬間、完全に津波の流れの中でもみくちゃにされていた。巨大な洗濯機の中に放り投げられたようだった。

どす黒い海水の中で無重力状態にいる自分がいた。Kは、こうして死ぬのかと思った。あきらめかけたとき、背中が鉄柱に激突した。なくなったはずの握力で必死にしがみつき上半身這いあがった。ものすごい引き波が体を引き剥がしにかかる。「死んでたまるか！」と、必死でしがみつき、体が横になっても手を離さなかった。十分後、靴もパンツも靴下も全部はがされていた。水が引いた後、下半身裸で、とぼとぼ歩いた。水面の油が夜光虫のようにうごめいていた。時間も方角も分らず、ただ歩いた。自分で何をしているのかさえ分からない。機械仕掛けの人形のようだった。

遂に力が尽きた。仰向けに寝た。満点の星があった。流れ星が飛び交っている。Kは、「助けてください！」と、二度力なくつぶやいた。精魂は尽き果て、目を閉じたとき、揺れ動く灯りが見えた。声も出ないままに、また歩き始めた。水産加工会社のビルの三階から薄明かりが漏れていた。三十分以上かけて階段を這い上がった。屋上に逃げて助かった社長夫妻と漁労長の三人がいた。下半身丸出しのKを見て仰天したが、すぐに助けてくれた。出されたリンゴをKはむさぼるように食べた。出された水も一気に飲み干した。震えでボタボタこぼしながら飲んだ。パンツ、ラクダのモモヒキ、おばあちゃんの赤いとっくりセーター、そして毛布を貰った。朝九時から十六時間がたっていた。深夜の一時半だった。Kは一人の力で津波との戦いに、生き残った。

教訓二十　青年の見事な「生き抜くことへの執念」に感動した。スポーツインストラクターをしていて、体力が抜群であったことが幸いした。生きる望みとその根性を見習うべきである。

メモ十八　津波により木造の家の大半が破壊されたため、大量のガレキ（災害廃棄物）が残った。ガレキは国の予算で撤去することになった。しかし、車は所有者を確認し、了解を得る原則である。自動車保険のうち、地震対応の保険では補償されるので、所有者の確認、カーナンバー、被災状況の写真、発見場所などを調べる必要がある。陸地に流された漁船などの船は、原則所有者の責任で撤去することになっている。ガレキは、被害の大きかった三県で総量の推定値は、二四八七万トンで、内訳は岩手県が六〇四万トン。宮城県が一五九五万トン。福島県が二八八万トンであった。一番ガレキが多かった市町村は、宮城県の石巻市で六一六万トンである。石巻市は、市町村の中で死者および行方不明者の合計が一番多かった。死者・行方不明者とガレキの量が比例していることが分かる。

福島原子量発電所の避難地域に指定された場所のガレキおよびそこから出る廃棄物の処理は、放射能を含んでいることから処分は進んでいない。放射性廃棄物の推定量は、土壌が四〇〇〇万立方メートル、ヘドロが一二〇万トン。ガレキが六四万トン、使用済み防護服・防護マスクなどが九九五立方メートル、汚染水が二〇万トン、除染水が七二〇トン、農産物・家畜が七五五四トン、下水の汚泥が一五〇〇トンである。これだけの大量の放射性廃棄物の処理は全くめどが立っていない状況と言われる。

第4章
高台に避難した人たち

津波から避難するもっとも安全な場所は高台である。しかし、今回の東日本大震災では、ここまで津波は来ない、あるいは津波が来ても二階にいれば大丈夫、指定避難所だから安全だ、などを理由にすぐ近くに高台があったにもかかわらずそこへ避難せずに命を落とした人たちがいた。一方で、明治時代の津波の恐ろしさを先人から教えられて、すぐに高台に避難して助かった人たちがいた。

岩手県宮古市姉吉地区（重茂半島東端）の集落は、明治津波ではわずか二人、昭和津波では四人の生存者があったのみであった。昭和八年の津波の跡で、生き残った村民は、「高き住居は和楽、想え惨禍の大津波、此処より下に家を建てるな」の石碑を建てて子孫に教訓を残した。村民はこの教えを守り、十二世帯四十人は、海抜六十メートルの高台に集落を作った。今回の地震が起きると、村民は姉吉漁港から集落に延びる坂道八百メートトルを走り、全員高台に避難し、一人を除いて無事だった。残念なのは、主婦一人が保育所の子ども三人を迎えに行き、犠牲になった。グーグルアースで姉吉地区を見ると、確かに丘の上に小さな集落があった。坂道は海岸から一気に伸びていた。東京大学地震研究所および岩手大学の調査によると、平成津波で姉吉地区で、津波の最大遡上高さ四〇・四メートルを記録した。

メモ十九　明治津波は、明治二十九年（一八九六）六月十五日午後七時三十二分に、岩手県釜石市の沖合二百キロメートルを震源とするマグニチュード八・二〜八・五の巨大地震であった。地震そのものの揺れは軽微であったと報告されている。この地震によって引き起こされた津波は、北は北海道から南は宮城県まで広範囲に及んだ。特に岩手県三陸海岸のリアス式海岸である、岩手県宮古市田老地区で十四・六メートル、山田町船越で十・五メートル、宮古市重茂で十八・九メートル、釜石市釜石で八・二メートル、大船渡市三陸町で二十二・四メートル、三陸町綾里で二十一・九メートルと十メートルを超える津波が襲来した。綾里では、遡上高さ三十八・二メートルの最高記録が観測された。死者・行方不明者合計二万一九五九人であった。特に岩手県は一万八一五八人と多かった。これにより、三陸海岸で起きる津波を総称して三陸津波と呼ばれるようになった。

岩手県宮古市の角力浜《すもう》は、海岸の地形から防潮堤を作ることは難しく、防潮堤がないため、もっとも無防備な村といわれていた。それだけに村民は、津波の避難訓練を繰り返し行っていた。避難路も老人を運べるリアカーの通れる道を整備していた。今回も普段の訓練通りに高台に避難し、村民百十人は、一人以外は全員助かった。

宮城県東松島市の宮戸島は、日本三景「松島」の東端にあり、島民には昔からの言い伝えがあった。貞観十一年（八六九）に東北地帯を襲った貞観津波では、二つの津波がぶつかって多くの島民が死亡した。二つの津波がぶつかったとされる標高十メートルの場所（二ツ橋と呼ばれる）に石碑が建っており、そこより下は危険と言い伝えられてきた。今回の津波は、浜辺の集落を飲み込んだが、石碑の手前で津波は止まったという、島民約千人は、石碑より高い高台にある市立宮戸小学校等に避難して、犠牲者は数人にとどまった。近くに住む観音寺の住職の渡辺照悟さん（30）は、「先人の言い伝えが命を守った」と語った。

同じく東松島市の野蒜地区でも、似たような話があった。チリ地震津波の時、潮が引いて、浜では魚がピチピチと跳ねるのを見て、カキ養殖業の高橋勲さん（68）が魚を手ですくおうとしていると、明治地震津波を知る長老が、津波が来る前兆だと叫び、急いで逃げて助かった。海辺の言い伝えを知っていた漁師は助かったという。

岩手県大槌町で喫茶店を経営していた金浜祐子さん（70）は、地震直後迷わず軽自動車に飛び乗った。

車を走らせると知人から道路が渋滞していると聞き、あわてて自宅に戻り、避難所に指定されていた広岸寺に走って避難した。寺にたどり着くと、本堂に人が充満していたが、この時幼いころに祖母たちから聞いた「変な揺れがあったら寺の裏の白山に逃げろ」を思い出した。すぐに裏の高台に逃げて助かった。寺の本堂は津波に飲み込まれた。同じく大槌町の大槌高校に、約四百人が避難した。ここに避難した者は助かった。自宅が流された男性（80）は、チリ地震津波の時に大丈夫だった近くの広岸寺に逃げた。この寺は大丈夫と思っていたが、津波が来る前に忠告を受けて、さらに高い高台に避難して助かった。広岸寺に避難した約三〇人は亡くなった。

教訓二十一　先人の教えは体験からくる活きた教訓だから、従うのがよい。生き延びた者は、子孫に先人の教訓を伝承する義務がある。

歌手のクミコは、宮城県石巻市の市民会館で三月十一日に講演を予定し、リハーサル中に地震に遭遇した。会館職員の誘導で地下の駐車場に行ったが、液状化で泥水があふれていて、使用不可であった。そこへ「津波が来るぞ！」の叫び声があり、全員必死で大勢の人たちと一緒に会場の裏山に走った。山の上の採石場にたどり着いた。下を見ると市民会館はすでに黒い濁流にのみ込まれていた。その夜は、着のみ着のままの状態で、食べ物もなかった。採石場の従業員が火をおこしてくれ、暖を取ることができた。一緒に避難した約百人の人たちとひたすら救援を待った。一夜明けて、夕方になってなんとか車の手配が出来て、仙台市に移動し、避難所になった市内のホテルに避難できた。二十四時間ぶりにおにぎり一個を食べることができた。

教訓二十二　今回の大惨事を将来繰り返さないために、被災市町村ごとに「平成津波の石碑」を建て、将来の子孫に津波の教訓を刻みつけるべきである。

安全だと思われていた所からさらに高い高台に避難して助かった事例があった。宮城県仙台市若林地区に住む大友さんは、津波の専門家にハザードマップで避難所に指定されている東六郷小学校が津波に対して安全か否かを聞いたところ、決して安全でないと教えられた。そこで、一万五千人の署名を集めて、仙台市と東日本高速道路株式会社に指定避難所をさらに高台に通っている仙台東有料道路を指定避難所にしてもらう要望書を、平成二十二年九月に仙台市に提出していた。仙台市も東日本高速道路株式会社もこの要望書を無視した。大友さんは、津波が来ると思い、仙台東有料道路に避難した。そこに避難した三百人は助かった。そこから眼下に東六郷小学校が見えたが、小学校の二階まで津波が押し寄せ、多くの犠牲者が出た。

メモ二十　仙台市の死者は、六九九人、行方不明者は一八〇人、全壊家屋九八七七棟（五月三十一日付）であった。仙台平野は平坦で海岸から数キロは水田地帯になっている。津波の高さは高くは

ないが、逃げる場所の少ない地域である。海岸に平行に走る仙台東有料道路は、比較的高い位置に建設されていた。仙台平野は北から南に向かって、多賀城市、仙台市、名取市、岩沼市、亘理町が続き、その間に仙台港、名取川、仙台空港、阿武隈川があり、南端に福島原子力発電所がある。平成津波は貞観津波と同じく内陸部五キロまで浸水した。三陸のようにリアス式海岸でないので、それほど高い津波は来ないだろうと思っていた人が多かった。東北大東北アジア研究センターの平川新教授（江戸時代史）らのグループの調査によると、仙台平野を貫く浜街道と江戸時代に作られた宿場である岩沼宿、山元宿、坂本宿等は津波の被害を受けなかったという。常磐自動車道は、浜街道より海側を走っている。昔の人たちは、津波の被害の経験から浜街道や宿場を安全な場所に建設したと考えられる。

岩手県陸前高田市の建設業を営む平美里さん（60）は、最初ＪＲ小友駅の南側一〇〇メートルの高台に避難した。この高台は海抜十二～十三メートルで、チリ地震津波のときには大丈夫だった。この高台から東側から約五メートルの津波と半島西側の広田湾からの約十五メートルの津波がＪＲ小友駅付近でぶつかったのが見えた。東西から来た津波がぶつかると南北に向きを変えた。この様子を平さんはカメラに収めていた。午後三時三十分ごろで地震発生から約四十五分が経過していた。津波は高台から百メートルまで迫ってきたので、さらに高い高台に難を逃れた。

メモ二十一　チリ地震津波は、昭和三十五年（一九六〇）五月二十二日、午後三時十一分（日本時間二十三日四時十一分）に南米のチリで起きた世界最大の地震（M九・五）によって引き起こされた。津波は、太平洋を越えて地震発生から十五時間後にハワイ諸島を襲い、二十二時間半後の日本時間二十四日未明に三陸に到達した。犠牲者は百四十二名であった。被害が大きかったのは、岩手県大船渡市で五十三人、宮城県南三陸町で四十一名であった。参考までに世界で最大規模の地震を並べると、第一位は、一九六〇年五月二十二日のチリ地震（M九・五）、第二位は、二〇〇四年十二月二十六日に起きたスマトラ沖アンダマン海を震源とするスマトラ沖地震（M九・一～九・三）、第三位は、一九六四年三月二十八日に起きたアラスカ地震（M九・二）、第四位が今回の二〇一一年三月十一日に起きた東北地方太平洋沖地震（M九・〇）であった。いずれも巨大津波が発生した。同じく第四位に一九五二年十一月五日のカムチャッカ半島地震（マグニチュード九・〇）がある。

岩手県山田町に住む鈴木ノブさん（88）は、尋常小学校四年生の時に、昭和八年の昭和津波を経験していた。小学校の校長をしていたノブさんの父親は、娘たちの靴を用意し、一人ずつチョーチンを持たせ、避難所に逃げるように指示し、自分は学校に戻った。チョーチンがあったために娘たちは父親とすぐに再会できたという。津波の時は各自テンデに逃げる「津波てんでんこ」の教えが活きた。

ノブさんは、今回一人で山丸定置漁業生産組合の事務所兼自宅の一階にいた。地震の後で、外に出て門扉にしがみついた。長男の博さん（62）から電話があり、「津波が来るから逃げろ！」といわれた。世話係の大川久子さん（70）がすぐにノブさんを車に乗せ、親類宅に行った。しかし、ノブさんは、車から降りず、頑強にさらに高い高台をめざすように言い張った。二人はさらに高いところの親類宅に行ったが、鍵がかかっていたので、高台の公民館に逃れて助かった。津波はすぐ後ろまで押し寄せていたという。ノブさんの自宅は津波に流され、最初に寄った親類宅は一階まで浸水し、次に寄った親類宅も津波はすぐ手前まで押し寄せ周囲はガレキの山だった。

メモ二十二　昭和津波は、昭和八年三月三日、午前二時三十分、岩手県釜石市の東方沖合二百キロを震源とするM八・一の地震でおきた。これにより三陸地方が甚大な被害を出し、約三千人の犠牲者が出た。津波の最大遡上高さは岩手県大船渡市綾里で、二十八・七メートルを記録した。昭和五年に始まった世界恐慌の影響を受けて、昭和恐慌が続いていた。昭和六年には東北地方は冷害に見舞われ、経済が疲弊していた。地震の翌年の昭和九年には凶作に見舞われ、東北地方は甚大な被害に襲われた。時の政府は東北地方の振興のために同年、東北振興電力（現東北電力）という名の特殊会社を設立した。

教訓二十三　以上の話から、一人ひとりが津波に対してどこが安全かをしっかり頭に叩き込む必要があることを教えてくれた。

指定されていた避難所に避難したけれど津波に飲み込まれた人たちがいた。岩手県山田町は、船越の「小谷鳥コミュニティセンター」を指定避難所にしていた。このセンターには十二人〜十三人が避難したが、十一人が亡くなった。同町の漁業を営む川村司さん（37）は父進さん（71）と一緒に海抜十メートルの同センターに逃げ込んだ。逃げ込んだ避難者は、海を見ていたが、堤防を越える津波を見て、司さんは山の斜面に駆け上がった。父親を助ける時間がなかった。振りかえるとセンターの建物も進さんの姿もなかったという。地震前に住民からこのセンターは、標高が低すぎるとの声が上がっていたという。大槌町でも見直しを始めたが、遅かった。

メモ二十三　ハザードマップで避難所に指定されていた場所で津波に流された事例がみられた。読売新聞によると、ワーストスリーは、陸前高田市の六十八か所中三十五か所、南三陸市の七十八か所中三十一か所、女川町の二十五か所中十二か所が津波に流された。四十から五十パーセントという高率で指定避難所が津波に襲われた。

津波は来ないと油断していた人たちがいた。いわき市薄磯《うすいそ》地区に住む大谷恵一さん（62）は、自宅から百メートルの海岸に一人で行った。まさか遠浅の浜には津波は来ないと思っていた。しかし、堤防から見た海は約一キロ沖の海底までみえるほど潮が引いていた。これは危ないと直感して、急いで自宅に引き返し、妻と一緒に高台に駆け込み助かった。途中で高齢者の女性に会い、背中に背負ったが、すぐに滑り落ちてしまった。津波が迫っていたのでどうすることもできず、大谷さんは妻の手を引いて逃げた。高齢の女性は波に飲み込まれてしまった。

教訓二十四　過去においては、遠浅でも津波は来ている。海岸の近くに住む人たちは、自らいろいろな歴史の本を読んで、過去にどんな大災害があったかを勉強することを勧める。専門家に依存しないで、自分の命は自分で守る気概を持つべきである。ましてや家族の長たる者は、家族を守るために、油断があってはならない。

メモ二十四　津波から三ヶ月後に行った読売新聞のアンケートによると、津波から身を守る一番安全な対策は？」に対する答えは、岩手県では、「高台に逃げる」が、八十五パーセント、「防波堤を作る」が四パーセント、「海岸に住まない」が三パーセント、「高い建物を造る」が三パーセント、「その他」が五パーセントであった。宮城県では、同じ問いに対して、「高台に逃げる」が五十七パーセント、「海岸に住まない」が二十一パーセント、「高い建物を造る」が十一パーセント、「防波堤を作る」が五パーセント、「その他」が六パーセントであった。防波堤のほとんどが破壊されたことに対する不信感が高いことが分かる。やはり高台に逃げ、あるいは海岸に住まないのが

大切であることを教訓として学んでいる。

宮城県の復興計画では、南部の平野部では、海岸から五キロは津波浸水想定区域とし、道路や鉄道はかさ上げして、防波堤の役目を持たすようにする。北部のリアス式海岸に位置する都市、例えば南三陸町などは、山を削って高台を造成し、高台に住宅地を造り、海岸とは職住分離を図る。津波高さを考慮すると、海抜十七メートル以上の高台造成が必要になる。この場合、個人の所有する土地を国または自治体が買い上げたり、借地したりする法整備や資金援助が必要になるであろう。

各自治体が町の復興にあたってのイメージは、次のようである。岩手県の大船渡市は、港近くに津波に強い水産・港湾関係の建物、その背後に商業地を配置する。住宅や行政の建物は浸水予想区域外に建設する。宮城県の南三陸町は、職住分離し、高台の住宅から沿岸部の職場に通う。同県女川町は、地盤沈下した沿岸部をかさ上げし、水産加工場や商業施設にし、住宅地は高台に建設する。岩沼市は、海岸沿いに盛り土をした山を築き、津波防止と避難所にする。石巻市は、高台のない市街地には居住移転を図るとともに、防潮堤や高盛土道路で強化する。沿岸近くの漁業集落は高台に移転する。福島県の南相馬市は、今までにない概念で再生を図る。いわき市は、約六十キロの長い海岸線を有し、地域の特性が異なることから、地域の実情や特性に配慮した町づくりを行う。

メモ二十五　菅首相の諮問機関「東日本大震災復興構想会議」（議長：五百旗頭真《いおきべまこと》）が六月二十五日に答申した「復興への提言～悲惨の中の希望」では、地域を五つの類型に分類して復興の形を提言した。①平地に都市機能が存在し、ほとんどが被災した地域については、住居や中枢機能を高台など安全な場所に移転することを目標にする。②平地の市街地が被災し、高台の市街地は被災を免れた地域については、高台の市街地への集約・有効利用を第一に考えるものの、平地の市街地のすべてを移転させるのは困難であるので、平地の安全性を向上させた上での活用が必要となる。③斜面が海岸にせまり、平地が少ない市街地および集落については海岸部後背地の宅地造成を行うことなどにより住居などを高台に移転させることを基本とする。住居の建築を制限する土地利用規制を行う。④海岸平野部については、海岸に巨大堤防を整備するのではなく、新たに海岸部および内陸部での堤防整備と土地利用規制を組み合わせる。⑤内陸部や液状化による被害が生じた地域については、被災した住宅・宅地に「再度災害防止対策」を推進し、都市インフラの補強、住宅の復旧のための支援を行う。

国の中央防災会議の専門調査会が六月二十五日に提出した中間報告では、最大津波を想定した避難を推進することにし、防波堤などのハードを重視した従来の方針を転換した。そのほか、適切な津波警報・予測を行うとともに、十分な高さの避難ビルの建設や指定を行い、病院や市役所などの主要施設を安全な場所に移転することを提言した。

第5章

屋上に逃げた人たち

海抜の高い高台に避難するのがもっとも安全であるが、ビルの屋上も安全であると思われていた。ほとんどの者は、二階または三階に逃げれば安全だと思っていた。しかし、場所によっては津波は五階まできた。最初の津波警報が三メートルと放送されたために、階上に逃げれば安全と思い込んだ者もいた。海岸に建てるビルは、五階以上である必要があろう。木造の家のほとんどは津波に流された。コンクリートのビルのなかにも津波に破壊されたものもある。想定以上に津波が高かった事例を紹介する。

岩手県大槌町の加藤宏輝町長は、地震の後、役場庁舎の外にテントを張って、防災対策会議をしていた。そこへ津波が押し寄せた。東梅《とうばい》副町長は、津波の到来に気がつき、急いで五階の屋上まで走って逃げた。加藤町長が二階まで上った姿を見たという。しかし、町長は波に飲み込まれ、三月二十日、国道四十五号バイパス付近で遺体で発見された。大槌町職員の三十五人が津波の犠牲になり、町の機能はマヒ状態になった。

その後の大槌町の行政は、町長始め職員の犠牲が多くマヒ状態が続いた。岩手県および宮城県の二県の十七市町村のうち大槌町は、六月時点で復興計画が白紙状態である。山を削って高台に住宅を移転し、漁港まで通勤するという復興計画に対して、海に依存してきた大槌町には海の近くに住みたいという住民がおり、町長不在で意思決定ができないと伝えられた。

教訓二十五　建物の外で津波対策本部の会議をしたのは、津波の襲来を全く想定していなかったと考えられる。津波がすぐそこまで来ていることにも気がついていなかったのであろう。町の行政を預かる者は、町民のためにも死んではいけない。今後は、まず安全な場所に避難したうえで、対策を議論すべきである。

岩手県陸前高田市の県立病院の事務局長は地震直後に一階にあった衛星回線電話を五階に移動させようとしているときに津波が来た。衛星回線電話を職員に手渡したが、地震発生後、逃げるのが遅れて津波に飲み込まれ亡くなった。職員は、病院の五階屋上まで逃げて助かった。津波は四階まできたという。四階にいた患者らは全員死亡した。わずかな時間の差であった。屋上に避難した者は、二日後にヘリコプターで救助された。衛星回線電話は最初作動しなかったが、二日後に作動した。高い代償の電話となった。

同じく陸前高田市の金野毅さん（73）は、地震直後、近くの公民館に百二十人と一緒に避難した。津波から避難しようと車で高台の公園に移動しようとした。前方にいた六十人ほどが車で出発した。金野さんは、車に乗らずに歩いて後に続いた。「津波が来た！市役所の上にあがれ！」の叫び声がしたので、近くの市役所の階段を走った。最上階の四階をめざしたが高齢者が多く、列は進まなかった。しかし、背中を押しあってなんとか登り切った。津波は三階まで押し寄せ後ろの人たちを飲み込んだ。車で先に逃げた者たちは、市役所から百五十メートルのところで津波に飲み込まれた。

宮城県若林地区の会社員平山マチ子さん（54）は、地震の後で義父（83）と一緒に荒浜小学校に向かって避難しようとした。学校では最初三階にいたが、「ここは危険だから四階に上がって！」と言われ、さらに「ここも危ないから屋上へ上がって！」と言われて、児童たちと住民は屋上に避難した。その直後、防風林を波が乗り越え、土煙が上がった。轟音とともに津波は周りを飲み込み、周囲は一面の泥水となった。小学校の二階まで津波は押し寄せた。屋上に避難した者は全員助かった。

岩手県南三陸町の市庁舎で佐藤仁町長（59）が町議会で閉会の挨拶をしているときに、激しい揺れがおきた。町議員たちは立っていることができず、約四十人は机に下に身を守った。佐藤町長や職員たちは、役場本庁舎の隣にある三階建の防災センターに移動した。佐藤町長は、屋上に津波の様子を見に行った。住民の話では、地震発生から十分後に、海の水が引き、海底の黒い岩肌が見えたという、養殖のワカメのようだった。屋上からは、三百メートル離れた水門を波が越えるのが見えた。やがて津波が押し寄せ、防災センターの建物を濁流が襲った。佐藤町長以下、町幹部と職員約三十人が屋上にいた。津波は三階の屋上まで達した。佐藤町長がいうには、「十人が丈夫な手すりにつかまった。残る人はネットフェンスの方に流され、しがみついたフェンスと一緒に消えていた」。残った十人は、高さ五メートルの二本のアンテナに登り、無理やりぶら下がったという。濡れた職員の下を波が七回も押し寄せた。近くの町職員の自宅の二階から奥さんが流されていくのを目撃した。津波の波がおさまったあと、十人は三階に戻りネクタイを燃やして暖を取った。三月十四日佐藤町長が記者会見をした。「自分の頭を越える波が、七回も行ったり来たりした。想定外という言葉を使えないくらいすごい波だった」と語った。住民の一人は、「波が入江で高さ二十〜三十メートルの高さになり、黄色い煙が上がり、壁のような黒い波が迫ってきた」と語った。海抜十五メートルの場所の家が流された。

教訓二十六　行政体の役所や防災センターは、絶対に津波が来ない高さを持つ場所を確保すべきである。特に災害対策の指揮をする長や幹部は、死んではならないし、ただちに指揮を発揮できるようにしていなければならない。町の職員が二十人も津波に飲み込まれたのは痛恨事であった。

メモ二十六　南三陸町は、死者五一九人、行方不明者六六四人、全壊家屋三八七棟（五月三十一日付）

だった。最初、約一万七千人の住民の半数が行方不明と報道された。南三陸町では以前から津波防災対策が良く整備されていて、避難所、避難ビル、避難経路などの指定がなされた。しかし、チリ地震津波を想定した対策だった。町にはチリ地震津波の時の波の高さを表示する標識が立てられていた。しかし、明治津波の高さを想定していなかった。

屋根や屋根裏に逃げて助かった人たちがいた。マレーシア人学生のポール・チョン・リーフンさん（24）は、貨物船タイラインに乗船して実習中で仙台港に寄港した。市内でショッピングした後、地震に遭遇し、所在が不明であったが、無事が確認された。ポール君が言うには「大きな壁のような大津波がこちらに向かって来たときは生まれて初めてというパニックに襲われました。貨物船に同乗していた中国人船員二人とともにかく必死で走り、近くの建物に駆け込みました。そして近くの建物の屋根の上に上がり、津波が周囲を押し流すのを見ながら救援を待ちました」。ポール君たちは屋根の上で一夜を過ごし、津波が引いた後、ガレキの中を歩いて避難所にたどり着いた。しばらく電話通信が停止していたのでサラワク州に住む家族に無事を知らせられたのは震災から四日後だった。

仙台空港に押し寄せた津波で流されたプレハブの屋根の上に一人の男性がいるのを、仙台第二管区海上保安本部仙台空港基地の二階建て庁舎にいた河野一郎さん（50）が発見した。河野さんは二階の窓から濁流を越えて一・五メートル先のプレハブ屋根に飛び移り、男性の無事を確認した。河野さんは流れてくる板や柱を集めて足場を作り、庁舎の二階の窓の下まで渡り、仲間が吊り下ろしたシーツで男性を吊り上げて救助した。仙台空港は、津波に襲われ、島と化した。空港には旅客の他、地域住民など約千六百人が避難した。空港がなかったらもっとたくさんの犠牲者が出たと言われる。空港から四百メートル離れた下増田神社の宮司、佐藤純一さん（30）は、車で移動中に津波に襲われ、別の神社の屋根に逃げて助かった。そのあと、消防救援隊が空港まで運んでくれた。

メモ二十七　仙台空港は、戦後「仙台陸軍飛行学校」の跡地に建設された。飛行学校の一角にあった航空神社のご神体が移った先が下増田神社だった。神殿は盛土されていたので、ご神体と一緒に生き残った。しかし、先代の宮司だった祖父の佐藤敏男さん（92）と鳥居は流された。佐藤純一さんは、『飛行機が再び飛べるのも神様がついているからで、ご神体が残った限り、じいちゃんの分も続けたい』と語った。

陸前高田市の菓子店「清風堂」職人、松野浩二さん（43）は、三階で仕事をしていた。お茶が入ったという声に、階下に降りようとした時に激しい揺れに襲われた。冷蔵庫が倒れないように必死で支えた。揺れが収まった時は周囲は倒れた物が散乱して外に出られなかった。二月に起きたニュージーランドの地震で倒壊した建物の印象が強く、ベランダに出て助けを求めようとしたが、外では飛び出した人たちでパニック状態だった。一人で階下に行こうとした時、激しい余震が来た。再びベランダに出た時、ありえないような光景を見た。海岸の名勝「高田松原」が次々となぎ倒されていた。黒い大きな防波堤が迫ってくる感じだった。茫然と見ていたが、やがて轟音と同時に、数百メートル離れた市民体育館の壁が吹き飛んだのが見えた。津波が来たのだ。民家が流されている。階下の道路に人も車もいた。下にいた人たちに上に上がってくるよう叫び、三階に避難させた。波は三階まできた。三階の部屋に人が集まったが、危険なので、梯子を使って屋根裏部屋に一人ずつあがった。松野さんが登り終わった時に、津波が壁を突き破った。目の前で社長の奥さんと息子が流されていった。助かったのは六人で、松野さんのほか、社長、従業員一人、近所の女性、たまたま通りがかった女性と高校生だった。津波が引いた後、自衛隊らしきヘリコプターが消防署の鉄塔に避難していた署員らを救助したのを最後に夜を迎えた。屋根裏にサンタクロースの人形があったので身に付けたが寒かった。六人だけが孤立した。夜明けとともに救援のヘリコプターが飛び回ったが、市役所や病院が優先らしく、無視された。それでも昼ごろにヘリコプターで救援されて道路の上に下ろされた。ガレキの上を歩いて避難所の公民館に避難した。ヘリコプターの中から、サンタクロースの赤い服を着た松野さんの姿が撮影されていた。

教訓二十七　後から言えることだが、最初から迷わず屋根裏に逃げていれば、社長のおくさんと息子さんを助けられたであろう。初動の大切さを教えてくれている。

逃げる建物の選択が明暗を分けた悲劇があった。岩手県陸前高田市の建設課職員、阿部将人さん（28）は、市役所にいた時地震に遭遇した。他の職員と一緒にすぐ近くの公園に避難した。婚約者の伊藤寿江さん（29）の姿を見つけたが、周りには婚約したのを知らせていなかったので、将人さんは公園では寿江さんに声をかけなかった。四月に婚姻届を出す予定だった。市役所の屋上から、「津波が防波堤を越えた！早くあがれ！」の叫び声がした。右に市役所があり、左に市民会館がある。どちらも同じ高さの三階建の建物だった。左の市民会館の入り口は込んでいたので、将人さんは、右の市役所の階段を上がり屋上まで行った。屋上のさく越しに公園を見たが、水色のカーディガンを着た寿江さんの姿は見えなかった。寿江さんは、市民会館に行った。目の前に民家を巻き込みながら押し寄せてくる津波が見えた。二つの建物に津波が来た。将人さんは、屋上まで波が来たので、さらに高い給水塔に上がった。将人さんは、寿江さんがなんとか生き残ってくれと祈っていた。寒さが増す中、約五十人が狭い給水塔の上で津波が去るのを待った。翌日水が引いたが、ガレキが重なり、市民会館には近づけず寿江さんの安否を確認できなかった。将人さんは、市の職員として災害対策本部で救援物資の運び入れなどの勤務についた。悲しいことだが、寿江さんの遺体は三月二十三日に確認された。

屋上に逃げた人が津波の一部始終を二百三十三枚の写真に収めていた。写真だけでなく津波の様子を克明に記録してくれた。岩手県釜石市の長距離トラック運転手をしていた沢田幸三さん（52）は三月十一日の早朝、東京から大型保冷車で生鮮食品を運送し、県内の市場に荷をおろして、釜石市内の運送会社の営業所に戻った。洗車をし、報告書を作成し、風呂に入ってから退社した。買い物などしてから昼過ぎに港湾に面した港町の自宅に戻った。二階の居間で昼食を取っていると高校の後輩の磯田志信さんが来たので、コタツで雑談をしていた。午後二時四十六分、突然激しい揺れがあり、家ごとゆすぶられた。家はギシギシ音を立てて揺れた。磯田さんは、階段の手すりにつかまりながら帰って行った。棚のＣＤが落ち、茶ダンスからグラスやコーヒーカップが落ちた。揺れは十分も続いた感じがした。津波が来ると思い、革のジャンパーを着て、ジャージの上からジーパンをはいた。仏壇の位牌が気になったが逃げるのが第一と思い、カメラバッグを肩にして玄関を出た。近所の八十才の老夫婦の鈴木さんが気になり、声をかけると杖を持った旦那さんが出てきた。奥さんも早く出てくるように声をかけたが、なかなか出てこなかった。せかしてやっと出てきた奥さんは、戸締りをしたいという。「そんなのいいがら」と叫んで、とにかく外へ歩き始めた。町内の裏手にある飼料会社の大きな倉庫が指定避難所だったが、沢田さんは、釜石埠頭にある国土交通省港湾事務所をめざした。距離は約四百メートルである。半ばで激しい余震が来た。三人でしゃがんで揺れが収まるのを待った。五メートル先の芝生から液状化で黒い泥水が噴きあがっていた。その時Ｕターンした車が来てくれたので、足の悪い鈴木さんの旦那さんを乗せてもらい、沢田さんは鈴木さんの奥さんと港湾事務所に急いだ。二人は二分ほどで港湾事務所に着いた。二階で鈴木さんの旦那さんと合流した。

すぐに屋上に上がると、十人ほどが、海を見ていた。港湾事務所の監視塔から双眼鏡で見ていた職員が「津波が来たぞ！」と叫んだ。沢田さんが、カメラに四百五十ミリの望遠レンズを付けて遠くを見ると、津波が湾口の防波堤を乗り越えて湾内滝のように入り込んでいるのが見えた。沢田さんの最初の写真だった。時刻は三時十四分だった。釜石の湾口には、長さ九九〇メートルと六七〇メートルの世界最深の防波堤（開口部三〇〇メートル）が、二〇〇九年に完成し、津波から町を守ってくれるはずなのが、たやすく波が乗り越えてきた。津波は徐々に高さを増して、港に迫り、岸壁に激突して巨大な白波が上がった。湾内には、海上保安庁の巡視船と二、三隻の漁船がエンジンを全開にして、津波に逆らっていた。監視塔の職員がスピーカーで、「津波が来ました。急いで避難してください」と呼びかけるが、道路には人や車が残っていた。三時十七分、津波は湾に流れ込む甲子川を遡上して、矢ノ浦橋の橋桁に迫り、橋の上で走っている人や車が見えた。

危険のためさらに高い監視用のらせん階段を上がった。狭いスペースに人がいっぱいいた。沢田さんは窓際に行きシャッターを押し続けた。午後三時二十分、津波は堤防を乗り越え、対岸の松原町に流れ込んだ。埠頭の先端にある倉庫が水没した。津波は、木造の建物を次々と倒し、トラックも流していった。三時二十一分四十九秒、津波はついに港湾事務所の駐車場まで来た。駐車場にあった十台の車をあっという間に流していった。家もそのままの形で流されていった。三時二十二分十秒、港湾事務所の周囲は水没した。川の対岸にある四階建ての釜石警察署の二階まで浸水した。三時二十三分六秒、二百メートル内陸の南リアス線の橋脚に家がひっかかっていた。三時二十五分、津波の動きが止まった。沢田さんは監視塔から屋上に降りて、カメラの望遠レンズで自宅を探した。家はズタズタに破壊され、一軒隣の鉄筋三階建ての三階部分だけが海面から見えた。三時二十六分四十四秒、流されていた家が下流に流れていった。引き波が始まった。矢ノ浦橋が現れ、欄干に自動車が引っかかっていた。三時二十八分には、引き波の速度は増して激流になった。潮が引くと周りはガレキでいっぱいだった。家の土台がムキダシになっている。三時三十分二十秒、湾内の海底が見え、破壊された防波堤の巨大なケーソンが転がっていた。

三時四十三分二十八秒、海面は再び盛り上がった。第二波が来た。三時五十四分、港湾事務所の階下では波がザブン、ザブンと音を出していた。津波は、何度も繰り返し来た。四時五十五分、上流から流れてきた二階建ての家に二人いるのが見えた。家はゆっくり下流に流れていき、矢ノ浦橋に激突した。そして家は崩れて沈んだ。二人は水に沈んだ。周りには汚泥の悪臭が立ち込めた。

港湾事務所に避難した人は、四十八人で、職員二十三人と冠水を逃れた二階の会議室に集まり、夜を過ごした。沢田さんは、喫煙室で、松原町の漁師の菊池さんに出会った。菊池さんは、父親と漁船の手入れをしているとき、津波にあい、父親は津波に巻き込まれた。菊池さんは、近くのプレハブの屋根に登り、津波に流されながらも隣の倉庫の屋根に飛び移った。それも津波に流され、流れてきた救命ボートに飛び乗り、ロープにつかまったままで上流に流された。引き潮で下流に流された時に、鉄橋の橋脚に巻かれたロープにしがみついた。引き潮の凄い流れでズボン、靴、下着もはがされたが、必死でロープにしがみついていた。丸太が流れてきたので、引き寄せてこらえていると水の勢いが落ちた。丸太につかまりながら、平泳ぎで百メートル先の港湾事務所に泳ぎ着いたという。菊池さんは、両手両足は傷だらけだった。

港湾事務所にある災害用発電機を回して一台のパネルヒータを付け、年寄りやけが人に暖房を譲った。寒い夜だった。夜中の三月十二日の午前一時すぎ、沢田さんは寒さに耐えかねて、タバコを吸いに部屋を出た。非常用階段で職員が津波の監視をしていた。夜空には満点の星があった。その夜は寝ずに過ごした。明け方に、消防署署員が二人やってきた。ガレキの間に人影が見えた。午前七時に、非常食のカレーを二人で一袋ずつ分け合って食べた。傷だらけの菊池さんは足を引きずって矢ノ浦橋を渡って帰って行った。沢田さんも港湾事務所を後にして、母校の旧第一中学校の避難所に向かった。後日、鈴木さん夫婦と感激の再会を果たした。

教訓二十八　沢田さんが撮影した多数枚の写真は、きわめて貴重である。同じ場所から連続して撮影しているので、津波の現象や性格が極めてよくわかる。インターネットを通じて写真を公開してくれたのは、賞賛に値する。デジカメで撮影した写真の撮影時刻は秒単位で記録されているから、正確に津波の襲来の様子を分析することができる。今後は組織的に写真やビデオの撮影を行い、記録にとどめる必要がある。

山津波で亡くなった人たちがいた。福島県須賀川市長沼地区にある農業用ダム「藤沼湖」（貯水量一五〇〇万トン）が地震で決壊して、貯水が濁流となって下流に一気に流れ、五〜十メートルの高さの山津波となって、滝集落を襲った。ダムは、高さ十八メートル、幅百三十三メートルであった。約一キロ下流の自宅にいた中村光子さん（65）は、窓から高い壁の濁流を見て四才と二才の孫を抱いて二階に駆け上がった。寒さの中を水が引くのを待った。ダムの決壊で男女計七人が死亡し、一人が行方不明になった。長沼中学校の二年生林萌子さん（14）は、四月二十四日、集落から約四十キロ離れた二本松市の阿武隈川で遺体で見つかった。母親と祖父の家にいた萌子さんは、流された時母親と手をつないでいたが、濁流に手を離してしまった。母親は川岸に流れ着いて助かった。

第6章

車で避難した人たち

現代生活では、特に地方では車を使う習慣が根強い。車で津波から逃げることは避けろと言われていても、咄嗟に車で逃げた人は多い。調査によると避難した人の中で、三割から五割近い人たちが車で避難した。危機一髪車で津波から逃れた人もいる一方で、渋滞のために車を動かせず、津波に車ごと流されて命を落とした人も多い。大地震では停電になり信号機が動かない場合には交差点で渋滞が予想される。明暗を分けたのは運もあるが、一瞬の判断も左右した。最初に車ごと津波に飲み込まれた人の話を紹介する。

千葉県旭市飯岡漁港に近い海岸沿いの道路を運転していた男性は、車載カメラを積んで走っていた。そこへ堤防を越えた津波が上からかぶさるように襲い、一瞬のうちに車ごと津波に飲み込まれた。この様子がカメラの映像に残っていた。車はいったん水の中に入ったが、すぐに浮いてもまれた。男性はパニックになったが、外に出るのは危険と判断し、車に残った。水位は、約二メートルあった。津波が引いた後、車外に飛び出し、高台に避難して助かった。カメラのビデオ画像は保存されていた。著者もユーチューブのビデオを見たが、迫真力があった。幸い水深が高くなかったので助かった。

釜石市で水産加工を営む菊池真理子さん（40）は、海岸近くの自宅にいる次男を気遣って車で自宅に戻ったが息子に会えず、車で避難しようとした時に津波が来た。真理子さんが車に乗って避難しようとしていた姿が高台で撮影していたビデオに写っていた。真理子さんは、すぐに津波に飲み込まれ車ごと翻弄されているうち後部座席の窓から水中に飛び出した。水中をもがいているうち、丈夫なガレキにつかまることができ、流されるままにある家の二階の窓のカーテンレールを捉まえ、その家の屋上に逃れた。屋上で救助を求めていた真理子さんの姿は高台から撮影していたビデオに写っていた。十六時間後に高台に避難して助かった。次男は、自宅の屋上に避難したが津波に飲み込まれ、他の家の屋上に流れ着き、翌朝高台に避難できた。菊池さん家族全員無事だった。一時はビデオに写っている真理子さんの安否が分らなかったが、本人が名乗り出て無事が確認された。

宮城県名取市でトラックを運転していた長谷川さんは、トラック運転中に津波に襲われトラックごと波に飲まれた。運よく閖上橋《ゆりあげばし》の上でトラックが止まり、橋の上に逃れた。そこへ同じくトラックで流されてきた沢田さんが、助けを叫んでいた。「橋に飛び移れ」と言う声に沢田さんは決死の思いで橋に飛び移り、一命を取り留めた。

宮城県山田町の小野優子さん（39）は、山田湾の海岸から二百メートル離れた自宅にいたとき地震にあった。軽ワゴン車で長男（8）を小学校に迎えに行った。防災無線では三メートル以上の津波が来ると警報されていた。津波が防波堤を超えることはあるまいと思っていた。長男を車に乗せ、JR陸中山田駅近くで、線路わきから水が湧き出て、海水が防潮堤を乗り越えていた。咄嗟に、海と反対側の高台に針路を取ろうとした。しかし、人が多くて進めなかった。路地に車を止めた瞬間に海水が道路に流れ込み、車ごとふわっと浮き上がった。車は沈むことなく、左右に揺られながら水流に押し流され、土手に流れ着いた。土手にいるとき津波の第三波、第四波が車に当たったが、幸運にも、大丈夫だった。

福島県浪江町の漁師有川正則さん（48）は、カレイの刺し網漁を終えて自宅に戻り風呂に入っているとき、激しい揺れにあった。風呂場のタイルは剥げ落ち、湯舟のお湯が殆どこぼれた。長女の真理さん（17）と長男の直樹さん（16）と後片付けの相談をしていた。津波警報の鐘が鳴っていた。正則さんは、子ども二人をワゴン車の助手席へ、母親のヨシ子さん（75）を後部座席に乗せて避難した。港によって買ったばかりの船が大丈夫なのを確かめてから、山の方をめざした。海から一キロ離れたところで安心した。その時、真理さんの声が、「白いのすごい！波みたいのが見える！」と響いた。

今まで津波が来てもせいぜい数十センチだったので、それ以上の津波を想定していなかった。次の瞬間、車が浮いた。車は濁流の中をグルグル回った。黒い木が割れた窓から突き抜けてきた。大波が覆いかぶさってきた。直樹さんは泥水を大量に飲み込み意識を失った。数分後車は数百メートル離れた山麓で止まった。正則さんは、車外に脱出し、車内にいたヨシ子さんに声をかけたが息を引き取っていた。真理さんの姿はなかった。意識を取り戻した直樹さんと必死で逃げた。

ある男性は、仕事でプリウスに乗り、海岸沿いの住宅街を通っているときいきなり津波に襲われた。津波に車ごと飲み込まれ、なすすべがなかった。津波の水位は住宅の二階まで上がった。プリウスの窓を開けて外に出て、近くの家の二階のベランダにぶら下がった。激流の引き波が引くのを待ち、なんとか生き残った。周囲を見ると、この男性がぶら下がった家以外はすべて流されていた。沖の方には多くの車や家がガレキとして散在していた。我に返りこの男性は、車に閉じ込められている人や、津波に飲み込まれながらも生き残った人などを救助して小高い丘に建つ家に運び込んだ。すでに死んでいる人もいた。

メモ二十八　日本自動車連盟（ＪＡＦ）によると津波に自動車が飲み込まれた時に守るべき五カ条は、下記の通りと言う。①シートベルトは外さない。大きな物がぶつかってきたり、スピンしたりする。②脱出は車が止まった時か、流れが遅くなったときにする。③窓はフロントガラス以外の窓

を割る。フロントガラスは一番強くできているからである。④車から脱出できるチャンスは、水が車内に入ってきて、車外と車内の水圧がバランスした時である。⑤車内には、緊急脱出用のハンマーを常備しておく。

岩手県山田町の小野優子さん（39）は、山田南小学校に通う長男（8）と近所の同級生二人を乗せて自宅に戻ろうとしていた。途中で高さ数メートルの津波が堤防を越えてくるのが見えた。あわてて車を狭い路地にバックで停車した。車はあっという間に浮き上がり、エレベーターのように垂直に二階の高さまで上がって行った。津波が引くとそのままの形で地上に着地した。住宅の壁が、車が転覆するのを防いでくれた。目の前の道路では転覆した車が多数流されていた。後部座席の窓を割って子どもたちと一緒に車の外に出た。全員無事だった。奇跡としか言いようがなかった。近くにいた男性に助けられて、高台に避難した。

宮城県石巻市の国道三九八号線では激しい渋滞が起きていた。市議会議員をしている庄司慈明さん（60）は自転車で国道の近くの小学校に避難しようとしていた。渋滞している車に、車から外に出て避難するよう呼びかけたが、聞こえないのか、応じる車はなかった。急いで校舎の二階に駆け上がって助かった。二階から多くの車が波に飲み込まれたのを見た。

太田栄子さん（47）は、海岸から一キロ離れた宮城県東松島町の県道で車に乗っていた。渋滞で十分近く全く動かなかった。夫から携帯電話がかかってきて、「津波が来るぞ!高台に逃げろ！」と叫ばれた。その直後に黄土色の津波が右横から襲ってきて、あっという間に内陸の田んぼの方に押し流された。前の車は転覆しているのもあった。自分の車も転覆したら死ぬしかないと覚悟を決めた。一キロ近く内陸に流され、雑木林に突っ込んで止まった。幸い、助手席の電動式の窓が開き、這い出すことができた。栄子さんは、津波が来ても車が流されることはないと思っていた。道路が渋滞することさえ考えなかったという。

福島市の南相馬市の運送会社員（40）は、仙台港で運搬荷物をトレーラーから下ろした直後の午後三時二十分ごろ、地鳴りのような音を聞いた。海の方を見ると、高さが十メートルの津波が数百メートル先に見えた。津波の上でコンテナや車が回転して流されていた。とっさにトレーラーの一番高い荷台に飛び乗った。運転席近くのワイヤーにしがみついた。たたきつけるような波に何度も流されそうになったが、必死に体を支えた。隣のトレーラーに乗っていた同僚が「助けてくれ！」と叫びながら、横転するトレーラーから水の中に沈んだ。津波が引いた後もこの運転手は首まで水に浸かったままだった。立体駐車場だけが残り、他の家はなくなっていた。日が暮れると自衛隊のヘリコプターがサーチライトを照らして上を飛ぶが、気づいてはもらえない。余震のたびに水面が揺れて、近くで起きたコンビナートの爆発音と火が見えた。凍えて体に力が入らない。この時、流されたはずの同僚の声がした。「死ぬんじゃねえぞ！」。同僚は救助されて少し離れた倉庫の二階に避難していた。妻子を置いて死ねないと思い、必死で寒さに耐えた。翌朝水は引き始めた。午前十時、荷台から下りて、水の中をガレキに足を取られながら、同僚のいる倉庫に避難できた。その日、同僚の車で、四時間かけて南相馬市の会社に戻った。心配して駆け付けた妻（36）、長男（10）、長女（2）と涙の再会を果たした。足は凍傷にかかっていた。奇跡の生還から二日後の三月十四日、福島原子力発電所で水素爆発が起こり、家族と避難所暮らしが始まった。津波と原発のダブル災害であった。

宮城県気仙沼唐桑町只越は、三方が山に囲まれ、海側に十メートルの水門と松林があった。ウニ漁が最盛期であった。松林は約二十メートルあったから、津波は、松林がやや見える高さだったので、十五メートルくらいだった。尾形伸也さんは海岸近くにいたが、「津波が来た！」の声を聞いて、かなり急な崖によじ登り、一命を取り留めた。家の屋根に二人の女性が助けを求めているのを目にした。しかし、やがて二人は津波に飲み込まれた。只越村は、気仙沼と唐桑を結ぶ道路が走っているので、車の往来が多かった。地震の時も気仙沼から唐桑に入る車が多く、消防団の亀谷拓也さんは、津波の危険を想定して、車を制しバックしろと指示したが、車の流れを止められなかったという。亀谷さんは、ラジオでは津波の高さが岩手県で三メートル、宮城県で六メートルと言うことだったので、只越にある五メートルの堤防が津波を止められると思った。車に乗っている人たちからは、堤防と防潮林で海は見えなかった。亀谷さんも逃げるのが精いっぱいで、他人を助けることはできなかった。人を守るはずの堤防と防潮林が視界を妨げる役目をしたのは皮肉だった。車に乗っていた人たちは、津波の襲来を全く感じていなかったであろう。

教訓二十九　津波は来ないという「思い込み」が避難以外の無駄な行動に時間を費やしている。すぐに避難していれば悲劇はかなり防げたと思われる。大きな地震の後は、ひたすら自分で決めた避難場所に直行するべきである。

車を捨てて逃げた人たちがいた。ある女性は、車で避難所に家族で移動しようとしたが、渋滞で前に進めなかった。「津波が来るぞ！」という警官の声がしたので、母親と一緒に車外に飛び出し、近くの林の中に飛び込んで助かった。津波は足もとまで来ていた。道路にいた二十台くらいの車が津波に飲み込まれた。あとで現地を見に行ったら、自分の車はつぶれて転覆していた。車に乗っていたら死んでいたであろう。

宮城県山元町の常磐自動車学校では、地震が発生すると十八才から十九才の若い教習生ら約四十人が校舎外や車外にでた。校舎は壊れ、寒い日だったので教官の指示で教習生らはマイクロバスに乗り込んだ。教官らは、一時間したら教室を再開するので待つように指示したという。しかし、午後三時二十分ごろに停電になったので、教習生らをマイクロバス、ワゴン車、教習車など計七台の車に分乗させて教習生らを帰宅させることにした。三時四十分ごろから順次出発したが、約十分後に津波が襲い、ワゴン車と教習車を除く五台が津波に飲み込まれ、二十三人が死亡した。そのほか二人は徒歩で帰宅途中に津波に飲まれて死亡した。教習所側でも車を運転していた教官四人と学校にいた教官や職員など五人が死亡した。犠牲になった二十五人の遺族は、学校側を相手取り、総額十七億円の賠償を求めて仙台地方裁判所に提訴する。

ＴＢＳテレビの武田記者は、多賀城市の地震の取材中にビデオを撮影していた。河の底が干上がるのを見て津波が来るのを予感して、海岸から離れる方向に車で避難を始めた。津波は最初ゆっくり町の道路を浸水し始めた。危険を感じていた時、前方が渋滞になったので、車から降りて走って逃げた。足首まで水が迫っていた。近くに三階建てのアパートがあったので、階段から上の方に避難させてもらった。年配の女性を背負って三階まで到達したとき、町には急な濁流が押し寄せ、車が押し流されていた。階段を登ってからほんの三十秒くらいに感じた。アパートの上からみると親子が三人、男性が一人、女性が一人が塀や小屋の上に避難しているのを見た。消防用のホースを三階から投げてこれらの人たちを救出した。周囲から「助けて！」の声があったが、夜中には声は途絶えた。外は雪が降っていた。

宮城県女川町の会社役員の今野智之さん（34）は、津波警報のサイレンが鳴った時、湾沿いの道を車で走っていた。地震発生から二十五分後に猛烈な引き潮があった。直後に今度は海面が盛り上がり、津波が陸に迫ってきた。ただ事ではないと感じた今野さんは、お年寄りの女性をおんぶし、左手にもう一人の女性を抱えて、四百五十メートルある高台の熊野神社をめざして逃げた。しばらくすると地鳴りがして、物が折れる音やガスが抜ける音がしたと思うと、濁流が襲ってきた。今野さんは二人の女性とはぐれて一人だけ助かった。

宮城県石巻市の会社員の新田毅さん（42）は、津波を目撃した後、車で高台をめざしたが、渋滞していたので車での避難を断念した。付近のお寺に駐車して、落石防止ネットのある坂を這い上がって助かった。新田さんは、「車の方が早いと思ったが、そのまま車で逃げていたら死んでいた」と振り返った。

宮城県亘理町の民生員の佐藤れい子さん（60）は、最初車で小学校に避難した。五十〜六十台の車が集まっていた。津波が迫るのを見て小学校の教職員が、車の人たちに、車から降りて歩いて避難を呼びかけた。他の人たちと一緒に佐藤さんも車を下りて歩いて高台に避難した。歩いて避難した全員が助かった。

教訓三十　車から降りて逃げる判断は、安全な場所までの距離と津波が来るかも知れない時刻との勝負である。前にも書いたが、与えられた時間はすぐに行動しても十分で早歩きか駆け足で高々五百メートルが限界である。もし、この限界以内と判断したら直ちに車から降りて行動を開始するべきである。車は急な坂や山を登れないが、人間の足なら、十メートルの高さを一分で登れるだろう。

猛スピードで津波から逃げ切った人がいた。宮城県若林区の名取川河口付近の海岸から二キロにある自宅にいた農業相沢義一さん（57）は、母親のきく子さん（78）が「津波が来た！」と叫んだのを聞いた。海岸沿いの防風林から白い煙が見えた。火事かと思った。背丈を越える黒い津波が数十メートルに迫っていた。バリバリ、ボギボギと音を立てて、流木を巻き込みすべてを破壊していた。荷物を放り投げ、家族を車に乗せ、時速百キロの速度で海と反対方向に逃げた。津波は名取川をさかのぼって追いかけてきたが、なんとか逃げ切った。防風林と流木を巻き込んだせいで津波の速度が落ちたのが命拾いとなった。

車を運転して、津波から逃げ切ったある男性の手記がある。要約して紹介したい。ここでは男性の名前を仮にSとする。Sは、仙台港近くのサウナに入っているときに地震にあった。仕事のストレスを和らげるために、長い時間楽しめる低温サウナに入っていた。銭湯にサウナ料金を加えると千円を超える値段なのでゆっくり時間をかけようと思っていた。「ルーキーズ」の漫画を読みながら、三十分くらいゴロゴロしていた時に、グラッと揺れが来た。二日前の三月九日にも地震があったのでまた来たかぐらいに思った。ところが今回はかなり様子が違った。縦揺れがあり、揺れの時間が十分くらいに長かった。地震はどちらというと気にしないたちで、平然としていた。他の客は、キャーキャーと騒いでいた。上から落下物が来ないところに移動して、壁に寄り掛かっていた。あたりを見渡せるほうが良いので床には伏せなかった。ハプニングがあって、近くのおばさんが怖がって抱きついてきた。揺れが収まったところに館内放送があり、三階から火災が発生したという。サウナはパニックになって皆逃げてしまった。Sは、天の邪鬼の性格なので逃げなかった。おそらく出入り口は人で込んでいて身動きができないと思った。一階にいるし、いざとなれば、窓から逃げられると思った。マンガ本を棚に返して騒ぎが収まるのを待っていた。地震でスプリンクラーが動き、火災報知が誤作動をしたことが分かった。結局Sは最後に逃げた。

着替えて外の駐車場に行くと、目の前の片側三車線の産業道路は、信号が停止し、渋滞が起きていた。車を出しても仕方ないとあきらめ、再度サウナに戻ろうとしたが、さすがに従業員に止められた。ここで渋滞している道路に出ても仕方ないと判断したことが、命拾いになった。一時間ぐらい駐車場で時間を過ごした。隣の車の人が「うわっ、ヤバイ!」と叫んだ。カーテレビに釜石で津波の襲来で車や船が飲み込まれる映像が中継されていた。ラジオで大津波警報は聞いていたが、まさかと思った。「津波が来る!」と閃いた。目の前の産業道路は渋滞している中で、どの道を取って、どこに逃げたらよいかを、一瞬の判断で決めた。危険を承知で、海側の仙台港側に車を走らせた。この方角は、道路はすいているので、津波が見えたらすぐに陸側に方向を変更すればよいと思った、すいている道路なら逃げるスペースを確保できる。七北田川を渡るときが、危険だった。川は増水していた。橋の手前の車が、止まっていた。増水している川を見て、前の車は躊躇していた。待っている訳にいかないので、前の車を追い越して、橋を渡った。すでに津波は押し寄せてきていた。橋が壊れていないのを一瞬にして確かめた。橋には車がなく、思い切りアクセルを踏んで、一気に渡った。橋を渡って、工場地帯の湾岸道路に逃げた。百メートル先で津波が飛び出してきた。走っていた前の車何台かが飲み込まれた。すぐに左折して、渋滞の産業道路に逃げた。逃げる途中では、東北最大のアウトレットパークの一階に津波が押し寄せ、駐車場の車が流されていくのを目撃した。

Sは、ここでラッキーだった。津波の侵入は右側からだったが、右側に工場が立っていて、津波を止めてくれた。工場の先にいたら津波に飲まれていた。産業道路の西側（陸側）に平行に走る国道四十五号線をめざした。国道に出る道も渋滞していた。渋滞で前に進まない。バックミラーに津波が見えた。前は渋滞、後ろは津波で、Sは相当焦った。Sは咄嗟に車を歩道に乗りいれた。道路交通法違反だが、歩道には人がいないし、仕方なかった。渋滞していた車に乗っていた人たちは、後ろから津波がきているのに気づいていない様子だった。カーラジオでは、仙台港に津波が押し寄せたとは放送していなかった。Sは海側から津波に追われて逃げてきたので津波が追いかけてくるのを知っていた。歩道を走って国道四十五号に出た。ここも渋滞で車は走らなかった。百メートル先で右側から津波が襲い、四、五台の車がふっ飛ばされた。咄嗟に道路脇の中古車展示場で車を切りかえして、歩道を逆走した。今度は津波は前から津波が見えるので、逃げる人が多かった。車を逆走する人や、車から降りて逃げる人、動けなくなった人などがいた。こうして遂に津波から逃げ切った。Sは、最初から渋滞していた産業道路に入らなかったことが、幸いした。逃げる途中で徒歩避難の若夫婦を乗せたが、車の中で夫婦喧嘩をしたという。奥さんが、「どうして車の中から携帯電話を持って逃げなかったのか？」と夫に詰問していた。

教訓三十一　このケースは綱渡り的な脱出劇と言えるが、渋滞の道に最初から行かなかったこと、渋滞でも歩道を走ったこと、何よりも津波を常に意識して道路を選択したことが、良かった。それにしても初動は呑気すぎた。基本は車を使わずに、高台をめざすべきであろう。海岸に平行して走る仙台東有料道路は、おそらく津波に洗われなかったはずで、そこに逃げることもできた。

船員後藤伸輔さん（46）は、岩手県大槌町のパチンコ店にいた。強い揺れにパチンコの玉が飛び散りパチンコ台がギシギシ音を立てた。揺れが収まると、後藤さんは高台にある自宅に戻るために、急いで駐車場に行き、車に飛び乗った。町の西はずれにあるパチンコ店から自宅までは県道二八〇号を東に三キロ行かなくてはならない。停電で交通信号は消えていて、交差点ごとに徐行した。大槌町役場を過ぎ大槌川を渡って、町道とぶつかる交差点では、大槌港からの車でなかなか右折できなかった。やっとの思いで帰宅して時計を見ると午後三時過ぎだった。普段の二倍の時間がかかった。県道二八〇号は、町を東西に走る唯一の幹線道路で、行政、文教、商業施設が並び、渋滞が起きやすい。

地震の後、この幹線道路で渋滞が起き、大勢の犠牲者が出た。後藤さんが自宅に戻った頃、避難所になっている小槌神社にいた小林一成さん（71）は、避難者の車を誘導していた。県道を東方向に向かう車が三十台ほど渋滞していたという。クラクションが鳴り響いていた。パチンコ店と大槌役場の中間にある大槌小学校には、子どもを迎えに来た親の車で満杯になっていた。パチンコ店の向かいにあるショッピングセンターからも車が出て来て東方向に向かおうとしていた。約十分後に大槌港と東西の二つの川の三方向から津波が押し寄せた。小林さんは、「車を置いて逃げろ！」と叫んだが、殆ど車から降りる者はなく、車は漂流物に押しつぶされた。幹線道路に沿って北側には、西から小槌神社および中央公民館が高台にあり、車を下りて逃げれば助かった。ただ、徒歩での避難も困難を伴った。大槌港近くの水産加工場で働く村岡春子さん（61）は、地震直後に外に出ると道路は液状化で泥が噴き出し、ヘドロ状の状態で長靴が脱げそうになったという。しかし、一・二キロの道を歩き、大槌稲荷神社のそばの安渡小学校まで山道を駆け抜けた。

教訓三十二　後藤さんの場合、地震直後の行動が早かったから自宅に帰ることができて助かったが、遅れていたら津波に車ごと飲み込まれていただろう。パチンコ店から、小槌神社までわずか五百メートルであった。地図を見ると、パチンコ店の前の道路を北の山側に百メートル行けば津波浸水区域外に到達できた。渋滞に巻き込まれたら、車を下りる勇気を持つべきであろう。

第7章

救助された障害者

病院の患者、寝たきり老人、高齢者など一人では動けない障害者に犠牲者が多かった。津波から逃れた後の寒い環境で命を落とした人もいた。一方で、献身的な救助で助かった人たちもいた。災害弱者に対して将来どう対処したらよいかは、今回大いに考えさせられた。

宮城県石巻市旧雄勝町の市立雄勝病院は、三階建てで三階には寝たきりの患者がいた。地震のあと高台に避難できなかった。津波の水位はゆっくり上がってきた。健常者は、三階に水があがる前に屋上に避難した。患者一人に対して職員が四人がかりで連れ出した。屋上にも水が来た。誰ともなく漂流物につかまって水の中を泳いだ。事務職員の遠藤祥克《よしかつ》さん（45）は、漂流物につかまり、バタ足で小さなボートに職員ら四人と乗り込んだ。雪の中を真夜中まで過ごした時、機関室のある船が近づいたので、見舞客一人と一緒に飛び移った。四人のうち一人は息が途絶え、もう一人は意識がなくなっていた。他人を助ける余裕はなかった。翌朝、二人はヘリコプターで助けられた。病院の患者四十人および職員、見舞客など二十二人の大半は津波に流され、亡くなった。患者を見ていた三十代の看護助手は、津波に流されたものの、湾の対岸に流れ着き助かった。ほかに二人が船に救助された。

メモ二十九　岩手県、宮城県、福島県の三県にある三百八十の病院のうち、十一病院が全壊し、二百八十九病院が一部損壊した。地震・津波のあとで、外来治療が不可能になった病院は四十五、受付を制限した病院は百六十、入院が不可能になった病院は百九十一であった。約一ヶ月経った時点で、外来治療ができなかった病院は十七、受付を制限した病院は十九であった。全壊した病院の中には、岩手県立山田病院、岩手県立大槌病院、岩手県立高田病院、宮城県立志津川病院、石巻市立雄勝病院、石巻市恵愛病院、石巻市立病院、岩沼市南浜中央病院などがある。いずれも海に近い場所にある。

岩手県大船渡市の老人福祉施設「さんりくの園」は海岸から一キロの坂の途中にある。デイサービスの大部屋で二十四人のお年寄りが輪投げゲームをしているときに地震が襲った。野間サナエさん（89）は、揺れが収まった後、職員に支えられて、海側の玄関に出た。三時十五分ごろ、高台に避難するためにワゴン車に乗り込んだ時、ガレキを巻き込んだ柴山みたいな津波が来た。七人を乗せたワゴン車は、浮き上がり、そのまま流された。野間さんは、窓から入り込んだ水に頭が沈み、三度も水を飲んだ。皆と死を覚悟した時、車は百メートル以上離れた川のそばでガレキに引っかかり止まった。一緒に乗っていた一人は水を飲んで死亡し、もう一人は波にのまれて死亡した。「さんりくの園」には、特別養護老人とデイサービス利用者が九十一人いたが、少なくとも五十五人が死亡または行方不明になった。

「さんりくの園」の建物にある特別養護ホームでは、地震の時は昼寝時間だった。食堂のひな人形などが音を立てて落ちた。課長補佐の柏崎きよ子さん（52）は、三十五の部屋を回り「大丈夫、大丈夫！」と声をかけ回った。柏崎さんは、他の職員と一緒に、老人たちを玄関と反対側にある中庭に誘導した。起き上がれる老人は車いすに乗せた。酸素吸入をしている老人は、酸素ボンベに切り替えて、ベッドのままで外に連れ出した。海が見えない中庭では津波が来るのに気付かなかった。老人たちを外に連れ出すのに時間がかかった。寒いので入所たちに布団をかけているとき、「津波が来た！」と叫ぶ声がした。敷地わきの坂道を登るしか手段はなかった。入所者六十七人に対して職員が十人しかいない。てんでに職員は一人一台の車いすを押して坂道を駆けた。最後に柏崎さんが敷地を出た時に津波がなだれ込んだ。中庭に車が流れ込み、クラクションを鳴らした。五十メートルの坂の上にある公民館に逃げ込んだ。上から見ると大勢の人たちが残されていた。津波が引いた後で何人かを助けたものの、五十三人のお年寄りが犠牲になった。

宮城県名取市閖上《ゆりあげ》地区で父の代から続けている「理容はしうら」の橋浦新一さん（62）は、奥さんのトヨ子さん（58）と一緒に理容室にいる時に地震に遭遇した。町内会の役員をしていた橋浦さんは、夫婦で一人暮らしのお年寄りを避難させようと近所を回っていた。ある高齢の女性はなかなか避難をしたがらなかった。約三十分かけてやっと説得した。新一さんは、父親がいるデイサービス施設に行くことにし、トヨ子さんは高齢の女性を近くの中学校に連れていくことにした。トヨ子さんは、ヘルメットをかぶり、女性の手を取って中学校に急いだ。この五分後に津波が来た。新一さんは津波が来る前にデイサービス施設に着いて難を逃れた。しかし、トヨ子さんは、女性と一緒に津波に飲み込まれた。八日後にトヨ子さんのヘルメットをかぶった遺体が見つかった。新一さんは茫然として暮らしていたが、四月中旬ごろ、同級生から励まされ、次男の幸司さん（31）が経営するヘアサロンを借りて理容を始めた。トヨ子さんは、長男浩志さん（35）のところで五月に生まれる予定の孫の誕生を楽しみにしていた。孫は五月二十一日に無事生まれた。

福島県南相馬市原町区にある老人介護施設「ヨッシーランド」には認知症や体の不自由な老人を含む百三十六人が入所していた。激しい揺れの後、建物の倒壊や火災の危険があったので、小林事務局長は、職員約三十人にベッドや車いすの入所者を玄関前の屋外に避難するように指示した。女性職員（49）は、携帯ラジオで津波警報を聞いたので、老人たちを高台に避難させようと思ったが、身動きできない老人が多く、ためらっていた。海の方を見ると、松林の上に波が盛り上がっているのが見えた。明らかに津波が迫っていた。四、五分後、あわてて、リフト車三台にそれぞれ六人ずつを乗せて、約八百メートル離れた避難所である県立浜口技術専門学校に連れて行こうとした。リフト車に乗れない人は、車いすやベッドに乗せて道路を走った。その時、真っ黒な波が水煙を上げて近づいてきた。逃げ切れなかった入所者が津波に流された。職員たちは胸まで水に浸かりながら、溺れた者を救助した。しかし、三十人が犠牲になった。南相馬市が二〇〇九年に作成したハザードマップでは、津波による浸水想定区域は海岸から五百メートルまでで、ヨッシーランドは、浸水区域に入っていなかった。したがって避難訓練をしていなかった。

宮城県南三陸町の特別養護老人ホーム「慈恵園」は、海岸から一キロのところにあり、高齢者六十七人と職員二十九人がいた。車いすまたは寝たきりのお年寄りがほとんどだった。地震が起きた時間帯は、三時のおやつの時間に合わせて、お年寄りたちを食堂兼ホールに集め始めていた。突然激しい揺れに襲われ、壁の一部がはがれ、ヒビが入った。不安の様子のお年寄りをいったん外に出したが、雪が降り寒いので屋内のホールに戻った。停電で暖房が切れたので、お年寄りに毛布をかけ、上着を着せた。町の防災無線は六メートルの津波が来ることを伝えていた。生活相談員の佐々木博美さん（50）は、ここまでは津波は来ないと思ったという。同じく生活指導員の及川綾子さん（45）は、床上浸水があるかもしれないと思ったという。付近の住民たちが慈恵園に車で集まり始めていた。地震発生から三十分が経過していた。慈恵園は市街より高い海抜十五メートルの高台にあった。慈恵園は避難所に指定されていた。したがって、地震と火災の避難訓練はしていたが、津波の避難訓練は実施していなった。一九六〇年のチリ地震津波でも津波は来なかった。「造船所から煙が出ている！火事だ！」の叫び声が聞こえた。火事ではなく、煙は津波が家屋を壊して上がった土煙だった。明らかに慈恵園まで津波が来そうだった。佐々木さんは、近くの女性入所者の手を取り、階段を上ろうとした。避難する場所はさらに高い志津川高校で、階段七十段を登らなければならない。女性は足が悪く歩けない。近所の人たちとこの女性を引っ張り上げ、階段の中ほどまでたどり着いた時、濁流は慈恵園を飲み込んでいた。一方、及川さんは、五百メートル離れたJR志津川駅付近の「ウジエスーパー」の看板が津波でゆっくり動くのを見た。津波が来ることを覚悟した。西側出口付近にあったベッドが邪魔になると思い、別の職員とベッドを外に出した。ベッドのお年寄りは持ち上げられなかった。津波はベッドごとさらっていった。階段に向かうと、車いすを押している職員がいたので、一緒に持ち上げ避難をすると波はすぐそこまで来ていた。志津川高校のサッカー部員たちが階段を下りて、救援に駆け付けた。職員と高校生が六人を助け、上に運んだ。志津川高校に運ばれた入所者は三十人に満たなかった。犠牲者は、入所者四十六人、職員一人であった。二人が行方不明になった。左半身不随の田中うめ子さん（93）は、生徒たちに助けられた。うめ子さんは、仙台市の病院に搬送されたが、一時所在が不明になった。ヘリコプターで搬送する時、名前の確認ができていなかった。三月末に別の病院に転送された。このため、毎日新聞の記事から四月初めに家族と再会できた。慈恵園の入所者の高橋貞二さん（88）は、津波に流され、丘の斜面のガレキの中に埋め込まれた。三月十四日午前九時、地震から六十六時間ぶりに、同園の職員に発見され、避難所にいた被災者ら二十人が手助けして救助した。

教訓三十三　老人介護施設や病院など、一人で避難できない高齢者を収容する施設は、ハザードマップで浸水想定区域になっていなくても、海抜三十メートルより高い高台に建設するべきである。海抜十五メートルでも津波に洗われた。集団で避難の行動をして全員が助かる見込みは少ない。職員の安全さえ困難である。一人暮らしのお年寄りを一人一人避難させるのは無理である。津波が来る時間を考えるとよっぽど早く行動をしても津波に追いつかれてしまう。ましてや避難をぐずるお年寄りを説得する時間はない。「津波てんでんこ」の先人の教訓にあるように、それぞれがてんでんばらばらに逃げるのが基本であるから、独力で避難できない者は、避難しなくてすむところに住まわせるのが「お年寄り思い」と言うべきであろう。避難する距離は、前にも述べたが五百メートルが限度であり、八百メートルは健常者でも困難な距離である。お年寄りに七十段の階段を登らせるのは、不可能に近い。震災で混乱しているとはいえ、救助された老人の名前や年齢を確認しておくことが大切である。

障害者が津波に飲み込まれたにも拘わらず、生還した事例があった。岩手県山田町に住む七十才ぐらいの男性は、崩壊しかけた建物の二階で、ベッドに横たわっていた。消防団団員の甲斐谷陽平さん(21)が生存者を捜索しているとき建物の壁を叩くかすかな音に気がついた。この男性は、津波にさらわれ、偶然この住宅に流れ着いた。あばら骨を骨折しており、動けなくなっていた。発見されたのは、三月十三日午前九時三十分ごろで、地震から四十二時間がたっていた。水も食べ物もなく衰弱していたが、病院に運ばれ一命をとり留めた。

岩手県野田村の男性（48）は、母親（72）と二人暮らしだが、約十五年間自宅から外出していない引きこもりだった。三月十一日の激しい地震のあと、避難を訴える母親に対して、「避難はおっくう」と避難を聞き入れなかった。母親は仕方なく一人で避難した。その直後に「ドン！」と言う音とともに津波が襲い、家ごと流された。家の壁は崩れ、天井が落ちた。胸まで水に浸かった。屋根の梁につかまった。わずかな隙間で呼吸ができた。屋根ごと一キロ近く流された。やがて屋根は真二つに割れて、この男性は濁流の中に流された。泳いでいるうち、ビニールハウスの骨組みをつかみ、流れに耐え続けた。波が引くと、寒い中を隣の久慈市の避難所まで歩いた。その後母親と再会できた。

メモ三十　大震災三ヶ月後の避難者の人数は、内閣府の調査によると、十二万四千人である。内訳は、避難所が四万一千人、旅館・ホテルが二万八千人、親族・知人宅が三万二千人、仮設住宅・公営あるいは民間住宅・病院に二万三千人である。被害の大きい岩手県、宮城県、福島県の三県では、避難所に三万九千人、旅館・ホテルに二万二千人と大きい割合を示している。避難者には、福島原発からの避難者も含まれている。避難先は四十七都道府県におよび約千の区市町村に分散している。

第8章

避難を呼びかけた人たち

消防団や警察署は、住民に避難を呼びかけた。市町村の防災課の担当者も防災無線で避難を呼びかけた。可能な限り多くの住民を助けようと津波が来る寸前まで任務に就いて津波に流された例が多い。殉死ともいえる。しかし、やはり助かってほしかった。

千葉県旭市は、地震発生後市役所の誘導で市民を避難場所に誘導し、三時四十五分に来た津波第一波の被害は免れた。この津波は大した高さでなかった。津波が引いた後、多くの市民が自宅や海岸を見に行き、人によってはガソリンを給油しに行き、四時二十分に来た津波第二波にやられた。市役所の総務課の父もこの時流された。第二波が去った三十分後、もう大丈夫だろうということで避難所から自宅に戻ったところ、五時二十六分に最も高い十メートルの津波が押し寄せ何人かの市民がなくなった。八十六才の女性は自宅の被害状況を見に行き、第三波で犠牲になった。地震発生から三時間後に津波が来るとは誰も想像をしなかったことが大きな被害を生んだ。旭市では、十三人の犠牲者が出た。ほかに行方不明者二人がいる。

教訓三十四　津波は繰り返し来ることを知っているべきである。港湾空港技術研究所が釜石の沖合に設置したGPS波浪計によると、六時間にわたって七波が来たことを記録している。高台や屋上に避難した者は、六時間は動かないようにした方が良い。自分の家や船などが気になることは分かるが、二次災害を絶対に避けなければならない。

防災無線で避難を呼びかけた防災担当者が明暗を分けた事例があった。茨城県大洗町の十九才の消防士は、防災無線を使って四十五箇所のスピーカーを通じて二時間半避難を叫び続けた。最初は「高台に避難して下さい」と丁寧語で放送していたが、効き目がないことから「高台に避難せよ！」と命令語に切り替えたという。足もとが津波にぬれる状況だったが。そこから動かず避難を呼びかけた。津波が終わっても、「高台から動くな！」を繰り返した。九十一才の女性は、スピーカーの声に励まされ、近所の者に助けられながら高台に避難できた。このおかげで大洗町は犠牲者がいなかった。

宮城県南三陸町の防災対策庁舎に勤務する危険管理課の三浦毅《たけし》さん（52）と遠藤未希さん（24）の二人は、庁舎の二階の放送室で避難を呼びかけた。課長補佐の三浦さんは、地震直後から「十メートルの津波が来ます。急いで高台に逃げて下さい！」と避難を呼びかけた。約三十分後に予想を超える津波が来た。心配した同僚が、「毅さん。もういいから屋上に逃げよう」と言ったが、「もう一回だけ言わせてけろ」と返事した。その後津波に飲まれ行方不明になった。三浦さんの妻ひろみさん(51)は、庁舎から二十キロ北に離れた会社で勤務していたが、夫の声を聞いて近くの山に逃げたという。遠藤さんは三浦さんと交代するまで避難を呼び掛けていた。遠藤さんの母親の美恵子さん（53）は、地震の時、海岸近くで養殖の仕事をしていた。逃げる途中で娘の声を聞いたが、途中で途絶えたという。未希さんは、七月に婚姻届を出し、九月に結婚披露宴を予定していた。避難の呼び掛けの声に助けられた人がいる一方で、庁舎が高台にあればよかったのにという人もいた。

同じく南三陸町の消防署地震津波安全対策担当の及川淳之助さん（56）は、町全体を見渡せる二階のモニターで津波が来るのを監視していた。港の水門から水があふれているのを見て階下に降りた時、二十メートルにも及ぶ津波が押し寄せた。「避難しろ！」と叫びながら二階に逃げたが、ガレキが窓を割り、津波と一緒に外に流された。同僚も一緒だった。車、ガスボンベ、タイヤなどの中で、柱につかまり、五百メートル陸地側に流された。次の瞬間、引き波で沖合一～二キロも海に流された。柱にすがりながら第二波をかぶったとき、水に沈んだ。ガレキから顔を出すのがやっとだった。寒さに意識がなくなり、陸地が見えて「助けてけろ！」と叫んだとたん気を失った。三月十二日午前零時ごろ及川さんの意識が戻った。そこは消防署から南に五キロも離れた工場の一階の休憩室だった。

メモ三十一　岩手県、宮城県、福島県の三県の死亡・行方不明の消防団員数は、二百四十九名であった。内訳は、岩手県が百十六人、宮城県が百六人、福島県が二十七人であった。徳に犠牲者が多かったのは、陸前高田市の五十人である。消防団は、自治体の非常備の消防機関で、地域の防災活動も行う。本業を持つ一般市民で構成され、身分は非常勤地方公務員扱いされる。全国の区市町村に二二七五団あり、団員数は約八十八万三千人いる。

宮城県石巻市の北部の旧北上町内に住む阿部清志さん（44）は、北上総合支所に勤務していた。奥さんの裕美さん（45）は、雄勝《おがつ》小学校で養護教諭をしていた。長女の凛さん（17）は、石巻高校二年生だった。次女の花さん（16）は、北上中学校三年生で、卒業式が地震の日の翌日だった。三月十一日、家族四人はそれぞれ普段通りに、勤務先や学校に出かけた。北上河口に建つ支所で防災課の清志さんは、住民に「大津波が来ますので、高台に避難して下さい！」をマイクに向かって叫んでいた。上司の今野照夫さん（50）は、清志さんと一緒に避難してきた住民を二階に誘導していた。しかし、津波は五年前に建てられたばかりで指定避難所になっていた支所の建物を飲み込んだ。今野さんと阿部さんは、外に投げ出された。今野さんは、なんとか水面に顔を出すことができ、流木につかまった阿部さんと目を合わすことができた。しかし、次の瞬間阿部さんは引き波に飲み込まれてしまった。今野さんは約三時間漂流してから救助された。阿部さんは行方不明になった。新しかった支所は骨組みだけが残るだけで、建物にいた五十七人のうち生存者はわずか三人だけだった。奥さんの裕美さんは、入り江のそばにある雄勝小学校で地震に遭遇したが、児童らと裏山に逃げ津波から逃れた。凛さんと花さんは、それぞれ高台に学校があったために助かった。三月十九日、清志さんの遺体が見つかった。清志さんの遺品の中にタバコの箱があった。十九年前に禁煙を約束して結婚したのだが、こっそりタバコを吸っていたのであった。

岩手県陸前高田市で父の代から営む電器店「ヨシダムセン」の吉田寛さん（33）は、地震当日得意先へ軽トラックで向かっていた。地震の揺れで急いで自宅に戻った。玄関前では妻の真紀子さん(33)、母の静子さん(72)、次男の将寛君(5)が青い顔をして待っていた。「避難しろよ」と三人に言い残して、寛さんは消防団による避難誘導に参加した。ひざまで水につかりながら、交差点で交通整理をしていた時、土煙が上がり、黒い壁のような津波が見えた。高台に逃げた。津波が引いた後、避難所を回って家族を探した。小学校から避難した長男の芳広君（9）とは会えたが、真紀子さんら三人とは会えなかった。三月十九日真紀子さん、四月七日静子さん、三月二十四日将寛君の遺体がガレキの中から見つかった。寛さんは消防団として連日二百を超す遺体の運搬に従事した。三月二十日、将寛君が行方不明のままで、幼稚園の卒園式に出席した。四月下旬から、十キロ離れた倉庫で仮店舗で店を再開した。寛さんと芳広君は二人で避難所生活をしている。

教訓三十五　前にも書いたが、防災を呼び掛ける放送室は、絶対に津波が来ない場所で海が見渡せる高台または高層階に設置するべきである。ただ津波が来ると言うだけでなく、津波が来る時刻または時間を言うべきであろう。一刻も争う避難であるから。あとどのくらいの時間的余裕があるのか、ないのかを知らせると行動を早められる。津波は一波だけでなく、第二波、第三波がくるから、第一波および第二波が引いた後も、避難した場所を動かないことを警告しなくてはいけない。

メモ三十二　大震災から三ヶ月を過ぎた時点で報告された行方不明者は、八〇六九人である。従来の民法では、災害から一年を過ぎないと死亡扱いされないが、今回の大震災は特別に三ヶ月が過ぎて、親族が簡素化された死亡届を提出すれば死亡扱いされる。配偶者、子ども、両親、孫の二親等の死亡に対して災害弔慰金が支払われる。家計を支える人の死亡は五百万円、その他は一人二百五十万円が支払われる。生命保険は、法務省の通知に従い、死亡届が受理された場合、死亡保険金が支払われる。国民年金は、住民基本台帳のデータで受給資格が調査される。国民健康保険は、家屋全半倒壊、生計維持者が行方不明の場合、医療費の窓口負担が免除される。

津波から避難を呼びかけて、亡くなった警察官もいるし、九死に一生を得た警察官もいた。宮城県岩沼市にある県警の岩沼署は、名取市及び岩沼市を管轄する。岩沼署の八島裕樹巡査（21）は、パトカーで住民に避難を呼びかけていた。その最中に津波に飲みこまれ、遺体は、岩沼署の北東五キロも離れた仙台空港近くで発見された。岩沼署では、八島巡査を含む六人が犠牲になった。東日本大震災で殉職した警察官は十七人、行方不明が十三人いた。

茨城県北茨城市大津町高萩署大津地区交番に勤務する石井信二巡査部長（51）は、パトカーで大津漁港付近を回っていた。男性巡査（23）が最大音量で「津波が来ます。高台に避難してください！」と呼びかけた。高萩署からは、危ないのでパトカーも高台に避難するよう指示があった。しかし周囲には住民がいたので避難を呼びかけ続けた。数分後、防潮堤を津波が乗り越えた。避難を決断したものの、目の前を水が流れ、Uターンしようとしたが、後ろからも津波が来た。男性巡査と車外に出てブロック塀の上を歩いて高台に避難した。パトカーは水没した。逃げていない住民がいれば避難を呼びかけざるを得ないというが、警報が出されたら、やはり避難に備えることが大切と語った。

茨城県鹿嶋署神之池地区交番に勤める藤波良一巡査部長（29）は、人の乗った車が流されたとの通報を受けて、鹿島港北埠頭に近い現場に急行した。ひざの高さまで水が来ていた。幹線道路に十数台の車が漂っていた。安否を確認したが車の中には人はいなかった。避難しようとしたが、パトカーのエンジンがかからなかった。水位は首の高さまできた。必死に塀に上った。一命を取り止めた。

宮城県南三陸町の高橋警察官は、官舎の三階の部屋で妻と一緒にいたとき地震に遭遇した。激しい揺れに、高橋さんはテレビを押さえ、奥さんは冷蔵庫の転倒を押さえていた。揺れが収まると高橋さんは奥さんを官舎に置いて、任務につくために徒歩で警察署に向かった。地震の後は署に集まる規則であったが、署に着くと誰もいなかった。あとでわかったことだが、他の警察官は高台に避難していた。危険な予感がして三階建ての屋上に登った時に、海岸から津波が押し寄せるのを見た。屋上に立っている塔の階段をよじ登ったが、津波は屋上まで来て、水に浸かった。必死で塔につかまり津波から逃れた。警察署から妻のいた官舎が津波の襲撃を受けたのが見えた。津波が引いた後、警察官としての任務があるので、奥さんのいた官舎に行かずに、ガレキの中を歩くうち、高台に設けられた臨時の警察署を見つけ、同僚に会えた。妻は死んだものと思っていた。しかし、妻は、三階の官舎の部屋の奥にいて、水につかりながらも流されないようにしているうち水が引いて助かった。三階建ての官舎の屋上に車が乗りあげられていたから、奥さんが助かったのは奇跡としか言いようがなかった。

宮城県名取市閖上《ゆりあげ》で酒屋「山根屋商店」は、大正時代から四代続く地域に密着した店だった。地震の揺れで店内の酒瓶は一斉に落ちて割れた。妻の直子さん（40）は、勤務していた幼稚園の卒園式を終えて、離れの自宅で休養していた。激しい揺れで外に飛び出した。義母の直子さん（62）と一緒に閖上小学校へ避難した。ここで、小学校五年生の長女爽花《さやか》（12）と、保育所から避難した長男亮（6）と会えた。「津波だ！」の声に校舎の三階に上がると、家や車が流されていた。ガスボンベが漂流して爆発音が鳴り響いた。一方四代目の経営者小野直光さん（36）は、配達先から戻るとすぐに消防団の活動に加わった。先代で父の昭さん（68）は、倒れたガスボンベを元通りにしたあと、姿を見ていなかった。消防車で避難を呼びかけているとき、近所の家のガスボンベの栓を締めて回っている父昭さんに会った。父は前に消防団に所属していた。直光さんが「そろそろ逃げて！」と言うと、父は、そうだねと答えたが、そのまま別れた。そのあと途中で呼び止められ、寝たきりの女性二人を閖上小学校に避難させた。その直後に津波が来た。直光さんは、小学校で家族と会えた。しかし昭さんの姿はなかった。四月七日、ガレキの中から昭さんの遺体が見つかった。直光さんは父を無理にでも一緒に避難させなかったことを悔やんだ。

岩手県大槌町の消防団員であり漁師でもある小国《おぐに》隆さん（43）は、地震のあと「潮位観測」のため防波堤に上がった。津波の高い波が見えてきた。慌てて待機していた消防車へ戻ったが、五人いた同僚のうち四人がいなかった。四人は近くの民家で寝たきりの女性を二階へ上げる作業をしていた。小国さんも民家に飛び込んだが、津波に家ごと流された。濁流の中に沈み込み、意識が薄らいだ。二キロ先の国道まで流された辺りで意識が戻った。生き残ったのは小国さんだけだった。「危険は承知の上で自分だけ逃げるわけにいかなかった」という。しかし、どうして自分だけが生き残ったのかと自責の念が消えない。

岩手県岩泉町の消防団第七分団長の阿部政彦さん（47）は、他の団員と海岸から約一キロ離れた水門の遠隔操作室で水門を閉じようとしていた。海に近い湾口の水門が開いたままだった。「水門がしまらないぞ！」という同僚の叫び声を聞いた。阿部さんは、駆けだした団員三人の跡を追って軽トラックに飛び乗り、防潮堤の操作室に向かった。非常用電源のバッテリーに切り替えたが動かず、手動操作もできなかった。「ダメだ！逃げろ！」の声があったとき、津波は沖合約一キロの消波ブロックを乗り越え、轟音とともに湾内に流れ込んだ。操作室を飛び出した四人は、五十メートル先の裏山に駆け込んだ。津波は岸壁を飲み込み木々をなぎ倒して荒れ狂った。阿部さんたちは危機一髪で助かった。町の消防計画では消防団が水門を占める役割を担っていた。「町の人たちが危険だと思ったので行動をしたが、この次は、このような危険な行動を命令できない」と振り返る。

メモ三十三　岩手県普代村の和村幸得村長は、昭和二十二年から四十年間村長を務め、昭和四十三年に防潮堤、昭和五十九年に水門を完成した。いずれも先人の教え通りに十五メートルより高い十五・五メートルの高さの防潮堤と水門を作った。総工費三十六億円であった。これにより三千人の村人を救った。税金の無駄遣いと批判されたこともあったが、今や命の恩人となった。

教訓三十六　津波が来るギリギリの時まで避難を呼びかけるのは警察官の任務とはいえ、殉死をすることは避けなければならない。津波が来る時間が地震の後三十分として、避難を呼びかけるタイムリミットを設けるべきである。また現場に赴くときも避難場所と避難経路の確保をしておくべきであろう。避難を呼びかける立場の者の家族が安全に避難できるようにしないといけない。消防団員は家族も含めて避難の模範を示す義務がある。

消防士や消防団員の奮闘ぶりもあった。千葉県旭市の消防本部旭消防署の隊員たちは、ポンプ車で巡回活動中に激しい揺れに遭遇した。津波が来るかもしれないと住民に避難を呼びかけた。消防本部には、住民から救助や安否確認を要請する連絡が殺到していた。普段は一日八件程度なのが、この日は、五十三件に上った。「津波に流された人がいる」、「家屋が倒れ、女性高齢者がけがをしている」などであった。百十六人の全員態勢で対応した。消防学校の生徒も駆けつけてくれた。消防幹部は、そんなに大きな津波は来ないだろうと思っていた。住民が避難を終えて、海を見ると海上に白い線の津波が見えた。津波が来ると思って避難しようとしたが遅かった。津波を横からまともにかぶり、重さ十トンのポンプ車は横転して水の中を何度も回転した。隊員のうち四人は津波に飲み込まれながらも九死に一生を得た。現場は冠水し、道路はガレキの山だった。車では近づけず、徒歩による救助活動が始まった。家屋が流されて方向感覚がなく、救助には時間がかかった。次々と遺体が発見された。ガレキの中から多くの住民を助けた。暗くなるころ、屋根に取り残された男性がいるとの通報を受け、飯岡分署長の城之内敏夫さん（57）は、現場に急行した。潰れた住宅の屋根の上で男性高齢者が助けを求めていた。寒さと恐怖で怯えきっていた。城之内さんは男性を背負い、膝上まである水の中を歩いて救助した。男性高齢者は、死の恐怖から解放されて、泣いていた。

岩手県山田町消防団の第六分団班長の内館実さん（51）は、地震直後、団員六人とポンプ車で海岸堤防の水門を閉めに行った。十分ほどで約十か所の門扉をすべて閉め終わった。避難に遅れた人がいないか確かめ、再びポンプ車に戻った。屯所に戻るつもりだった。海を見ると、目の高さの波が見えた。あっという間に津波に巻き込まれた。前を歩いていた人が波で壁に叩きつけられるのを目撃した。ギアをバックにしたら真正面から二階建てくらいの波が来た。海水が車にかぶさりフロントガラスの上を無数のガレキが流れて行った。ドアは開かなかったが、なんとか窓の隙間から海中に出た。上へ上へともがいているうち、頭の上に光が見え、海面に顔がでた。水深は、五メートルはあっただろう。団員の三田地駿さん（26）も一緒だったが、沈んだ海中から抜け出せず、息ができない苦しさに意識を半分失っていた。定かな記憶はないが、一キロぐらい流されたところで足のつく場所に流れ、足をガレキにはさまれた。近くの人たちに救われ助かった。三田地さんは大きなけがはなく、三日間の入院で退院できた。津波に飲み込まれた時に駿さんが着ていた消防団の半纏は破れていた。内館さんは、廃材につかまっていたが、三田地さんと反対方向、すなわち町の中心部の駅方面に流された。内館さんが流れ着いたのは駅のプラットフォームにある屋根だった。最初は方向感覚が分からなかったが、駅舎のとなりのスーパーマーケットが目に入り、やっと自分のいる場所が分かった。引き波が来て再び流されるのを恐れて、陸橋や駅舎の屋根を伝って、スーパーの二階までたどり着いた。スーパーの中に避難していた人たちが中に引きずり上げてくれた。テーブルクロスをもらって濡れた服を着替えた。夕方、付近は火に包まれた。夜中の二時か三時ごろ、歩いて近くの小学校まで避難した。雪が舞っていた。近所のおばさんがセーターを着せてくれた。あとから七人のうち、四人が助かったのを知った。残りの三人は行方不明である。行方不明になった団員、白野純《あつし》さん（29）の父親の博さん（60）は、息子の純さんと一緒にホタテ養殖を営む漁師だった。地震の日、海岸で二人は養殖いかだを組む作業をしていた。地震が起きた後に純さんが父親の博さんに、「オレ行くよう」と言って消防団に駆けつけたのが最後の言葉になった。

教訓三十七　消防団は、被災者を助ける役目があるから、避難を呼びかけるのは良いとしても、自らも避難して、その後の救助に当たる任務を忘れてはいけない。

ラガーマンが避難を呼びかけただけでなく、津波に流された人たちを救助した美談があった。釜石市の社会人ラグビーの釜石シーウェイブスの元選手の森闘志也さん（34）は、地震の時製鉄所の構内にいた。近くの甲子川の水が猛烈な勢いで引いて行ったのを見て、津波が来ると予感した。国道二八三号線は、避難を急ぐ車で渋滞していた。「下りて逃げろ！」と何度も叫んだ。第一波が来た。水圧でドアを開けられずにもがく人がいたので、森さんは素手で窓ガラスを割り、五人を助けた。その直後森さんは、一七四センチの背丈を越える第二波に飲み込まれた。どちらに流されたか分からなかったが、フェンスに当たって止まった。製鉄所の構内に戻ると、車内に取り残された女性三人と漂流している男性一人が見えた。助けるには、川と化した国道を渡り、対岸の線路まで上がらなくてはいけない。遠すぎたが、森さんはロープを手に持って泳いだ。森さんに目の前で死にかけている人を見ていられない義侠心があった。泳いで対岸に着くと、まず男性を助けた。女性達には浮いていた丸太をつかまらせ、ロープを手繰り寄せた。水から引き揚げた時の濡れた服のずっしりした重さを憶えているという。森さんは十人近くの人たちを助けた。釜石は津波にあったが、森さんは、鉄鋼マンとして、釜石製鉄所で今後も働き続けたいという。森さんの顔は傷だらけだった。森闘志也さんは、埼玉県深谷市の生まれで、埼玉工大深谷高で高校ジャパンに選ばれ、大東大に進学してラグビー部に入部した。しかし、大学三年生の時に、父親が交通事故で重傷を負ったために治療費や妹の学費を稼ぐために日雇いの仕事をした。大学では、四年間プレーできなかったが、一九九八年に新日鉄釜石に入社し、三十才までラグビーをセンターとしてプレーした。

メモ三十四　六月十一日、地震発生から三ヶ月時点で、死者の数は一万五千四百十三人である。そのうちの三分の二は高齢者であった。多くの遺体を検視した医師によると死因に特徴が二つあるという。一つは、胸部を強く圧迫されたことによる顔面うっ血がみられること。倒壊家屋や漂流物に体を強くはさまれたことを物語るという。二つ目は、特に高齢者は、下着を四、五枚と厚着し、さらに防寒着を着ていることという。高齢者は、寒い夜を想定して厚着をしたが、津波から避難

する時間に間に合わなかったとみられる。

メモ三十五　防衛省、警察庁、消防庁及び海上保安庁が救助した数は、それぞれ一万九千二百八十六人、三千七百四十九名、四千六百十四名、三百六十名であった。救助総計は、四機関で二万六千七百七名であった。救助した日を調べると、三日目（三月十三日）がピークで、五日目（三月十五日）までで九十パーセントであった。一般に七十二時間（三日間）が生存の限界といわれる。

第9章

船で津波にあった人たち

「津波が来たら、沖合へ」という先人の教えがある。津波の前に船で沖合にでて、津波の大きな波を越えれば助かる。しかし、沖に出るのが遅れ十分な距離を進めなかった場合には、小さな船では大きな津波を越えられない。海を熟知している漁師でも津波に対して必ずしも十分な対策が取れていなかった事例もある。最初に船にいて津波に飲み込まれた事例を紹介する。

岩手県山田町北浜の漁師、瀬川孝広さん（43）は、山田湾で漁船の出港準備をしていた。地震から二十五分が経過した時点で、水位がみるみる上昇した。ロープがスクリューに引っ掛かったので別の漁船に乗り移った。その時高さ五メートルの津波が押し寄せ船は転覆した。瀬川さんは海に投げ出された。無我夢中で材木にしがみついた。山腹に百三十メートル流され、国道四十五号線の真上あたりで、流れは北方向に変わった。時速は五十〜六十キロはあった。流れてきた畳《たたみ》の上に腹ばいになった。

漁船から八百メートル離れた民家の藪に流れ着いた。恐怖で二時間は動けなかった。裏山を伝って自宅に着いたのは午後七時だった。十才の娘が泣きながら父の帰りを待っていたという。

宮城県石巻市の漁師菊池さんは、地震の時に父親と漁船の手入れをしていた。父親は逃げ遅れて津波に飲み込まれた。菊池さんは、近くのプレハブの屋根に逃げたが津波に洗われた。隣の倉庫の屋根に飛び移った。この倉庫も津波で壊された。偶然流れてきた救命ボートに飛び乗り、ロープにつかまりながら、上流に運ばれた。やがて引き潮が始まった。鉄橋に近づいた時に、橋脚に巻かれたロープに咄嗟にしがみついた。物凄い引き波にズボン、靴、下着を引きはがされた。引き流されないようにロープにしがみついていた。丸太が一本流れてきたので、引き寄せて腕でこらえていると水の勢いが弱くなった。ロープを離し、丸太につかまりながら、約百メートルの対岸にある港湾事務所まで必死で泳いだ。菊池さんの両足はすり傷とあざだらけだった。

宮城県気仙沼市唐桑町のカキ養殖業を営む畠山重篤《しげあつ》さん（68）の三男は、地震発生後、漁船を沖に脱出させるという決心をし、沖合に船をだしたが、津波のうねりがものすごく、唐桑瀬戸まで出たが、津波の第一波に出会い、大島瀬戸へと押し流され、木の葉のようにのまれる船を捨てて海に飛び込んだ。ものすごいスピードの波に乗り、大島まで二百メートルのところまで泳ぎ、なんとか島に辿りつき助けられた。着いた所は海抜二十メートルのところにある家の庭先だったという。自衛隊のヘリで避難所まで運ばれ、自宅に戻ったのは三日目だった。畠山さんは、西舞根で地震にあった。揺れが静まったところで三台のトラックをチリ津波で被害を受けたところより高い高台に避難させた。海の潮が引き始め、岸壁の底まで見えるほどだった。次にみるみる海の水が盛り上がり、津波の第一波が襲ってきた。岸壁の船が流れ込み、事務所や加工場が津波に飲み込まれた。水面から七、八メートルあるカキの水揚桟橋の屋根まで波が来た。これを見て海抜二十五メートルにある母屋まで逃げた。家族と母屋から海を見ると第二波が襲ってきた。第一波の数倍高い「白い壁」のような津波だった。浜にある舞根地区の家はことごとく津波に飲まれた。ナイヤガラの滝のようだった。母屋まで津波が来る恐れがして、三才の孫を抱いて裏山の藪を更に高いところに逃げた。後ろを振り返ると母屋に通じる坂道の上まで波が来ていた。津波が終わって母屋に戻ると、庭先まで波がきていたが、母屋は大丈夫だった。

メモ三十六　畠山重篤さんは、カキ養殖者として「森は海の恋人」をキャッチフレーズとして、山に植林をし、滋養分のある地下水や河川水を海に流すことによりカキの養殖をしてこられた方である。また気仙沼の自宅の海に面する斜面に「フォレストベンチ工法」と呼ばれる斜面防護を施した。今回の津波でこのフォレストベンチの斜面の一部が津波に洗われが、破損しなかった。フォレストベンチ工法は、津波防止の防波堤に使うことが有効であることが分かった。

メモ三十七　気仙沼市の大島は面積約九平方キロの離島で、本土の気仙沼市から連絡船で三十分弱

ところにある。人口は約三千人の同島では、三月十一日の地震による津波で約一一五〇戸中、二〇〇戸近くが被災した。死者・行方不明は約四〇人の被害が出た。旅客ターミナルがある浦の浜港ではフェリーが陸に押し上げられるなど港湾施設が壊滅状態だった。島内の水道やガス、電気などインフラが停止し、交通手段も失い本土から孤立した。海自ヘリによる食料や水などの物資輸送や入浴支援が行われたが、島内のガレキ除去は手つかずのままだった。この大島で四月一日から米第三一海兵遠征部隊（MEU、キャンプ・ハンセン）が「トモダチ作戦」の一環で、ガレキ除去などを行った。四月六日、浦の浜、駒形漁港など四つの港湾施設を中心に島内六カ所でガレキ除去や道路再開の任務を終え、大きな荷物を背負った三一MEUの海兵隊員たちが午後三時ごろ島東側の長崎港に集結した。港には島民三百人以上が見送りに集まり、乗船を待つ海兵隊員と笑顔で記念撮影し、隊員が自分の作業帽やサングラスを島の子どもたちに贈る姿などがあちこちで見られた。アメリカは、トモダチ作戦と称して、三沢、八戸、石巻、気仙沼、仙台空港、福島原発などで、一万八千人を救援活動に派遣した。援助金額は八千万ドル、約六十八億円にのぼった。

宮城県石巻市の漁船会社「ヤマニシ」の社員、畑恵介さん（30）は、石巻工業港の埠頭の造船所のドックに収容されていた大型貨物船「トリバン」の船首から沖の方を見た。船首は危ないと感じて二メートル下の甲板に下りて手すりを握りしめた。この時大波が造船所の敷地を越えた。人が乗ったままの車がドックに流れ込んだ。エンジンが使えず、錨がない「トリバン」は、ドックから滑りだし、定川《じょうがわ》に向かって流れだした。鈍い音がして船首が河口にかかる橋に突き刺さった。石巻市と東松島市を結ぶ県道にかかる百五十メートルの橋である。次の瞬間、引き波で下流に水が流れ、「トリバン」は、橋から引き離され、旋回しながら海の方に流された。そこへ今度は第二波が押し寄せた。再び川の上流に流され、今度は橋を突き破った。畑さんは、船が流されている間に、ガレキにつかまる二人の男女を見つけた。同僚に救助しようと声をかけ、ロープの先端を輪にして、約三十人を引き上げた。中学生の少年とその母親もいた。暗くなると懐中電気を照らしてもよく見えず、多くの人を助けられなかった。午後十時ごろ、船の右舷側が沈み始めたが、うねりを受けると今度は反対側に大きく傾いた。衝突を繰り返し、浸水もあって四十五度も傾き、甲板の上を工具や機械が滑り落ちた。空が白んだころ、自衛隊のヘリコプターの音が聞こえると、甲板に集まって皆泣いた。ヘリコプターに救助された場所は、造船所から四キロも離れた岸壁のところだった。ヤマニシでは作業員九名が犠牲になった。

教訓三十八　海で仕事をする漁師または造船関係者にしては、津波を想定して迅速な避難をしていないのに驚く。地震の揺れと避難の準備に合計十五分ぐらいの時間を取られるとして、残り十～十五分の避難時間が取れるはずである。いままで地震があって、津波警報が出ても五十センチ程度の津波しか来なかったので、「狼少年」のように油断があったのかもしれない。安全のため避難して、何事もなくて損と思わず、「よかった」と思うようにした方がよい。家族が死ぬよりよっぽどよい。

先人の教え通りに沖に船を出して助かった例がある。宮城県南三陸町の石浜地区は養殖ワカメで知られる。石浜地区の地区会長の佐藤登志夫さん（63）は、岸壁近くを測量するため小型船に乗っていた。突然海面が大きく揺れた。大きな地震だった。携帯電話で集落の漁師に知らせようとしたが、電話がつながらない。「津波が来るけど、きっとみんな自分で判断して避難する」と信じて、岸壁に戻り、ワカメ収穫用の中型船に乗り、小型船をつないで沖合に向かった。後ろを振り返ると二十人近い漁師たちが続々と船に乗り込み、沖合に出てきた。沖合五百メートルで津波の第一波が来た。この波には持ちこたえたが、引き波に船が沈没しそうになった。さらに沖合一キロに逃げた時、第二波が来た。船は揺れなかった。集落の方を見ると十メートルの津波が岸壁を襲っていた。夕方になると雪になった。油圧エンジンを回し、凍えた体を寄せ合って暖をとった。「寝たら死ぬぞ！」と声を掛け合った。翌日も余震があり、怖くて陸には戻れなかった。津波の合間を縫って、防波堤から家族が投げ入れてくれた毛布や食料を受け取った。沖合で二日を過ごし、三月十四日朝に家族の元に戻れた。石浜地区では、「水深五十メートルの沖合に出れば、船は津波の影響を受けない」と漁師の間で代々語り継がれてきた。佐藤さんたちが船で出た沖合一キロ地点は水深が七十メートルあった。

福島県相馬市松川浦漁港の漁船員、菊地良治さん（42）は、大津波警報が出るとすぐに、漁港につないだ漁船に乗って沖に出た。約百艘が続いた。津波の到達まで時間があったので、四キロ沖合まで出られた。そこで津波をやり過ごそうかと安易に考えていたらとんでもなかった。五百メートル先に見えた津波は、三角のとがった山のような大波で七、八メートルはあった。船乗りたちが決断したことは、それぞれ波を真正面から向かって乗り越えることだった。大津波に向かって全力で船を走らせ、波の上で減速して乗り越えるのである。山登りのようにして第一波を乗り越えたと思ったら、第二波が壁のようにして向かってきた。覚悟を決めて乗り越えると次々に六つか七つの大波が繰り返し襲ってきた。気が付いたら沖合十五キロまで進んでいた。押し寄せる波だけでなく、帰り波、すなわち引き波も繰り返し来た。漁業無線で陸の状況を聞いたら、警報解除されていないから沖合にいろという。船には食料がなかったので空腹だった。翌日の昼過ぎに松川浦漁港に帰ったが、途中の海はガレキだらけで、漁港は壊滅状態だった。相馬市を含む福島県の漁船は千百七十三隻あったが、八割は損壊または流出した。宮城県宮古市の重茂漁港では七百八十隻あった漁船のうち被害を免れたのはわずか十四隻だった。修理して使用できるのを加えても三十隻であった。

メモ三十八　相馬市の漁港は福島第一原子力発電所から五十キロ離れているが、汚染水放出問題で、魚の安全性が確認されるまで操業停止になった。松川浦漁港付近は、黒潮と親潮が交わる場所で、有数な漁場として知られる。

教訓三十九　「津波が来る前に船を沖合に出せ」という先人の教訓がみごとに実践したよい例である。各船には、緊急用の水や食料を積んでおくとよい。沖合に船を出せば人も船も守ることができる。

高校ヨット部の間一髪の生還劇があった。岩手県県立宮古商業高校のヨット部は、十年連続でインターハイに出場している強豪校であった。大地震の日も、夏に地元で開催される予定だったインターハイに向けて、沖合一キロ付近で練習をしていた。海に出ていたのは、二人乗りのヨット三艇と顧問の先生と部員九人を乗せたレスキュー艇だった。三月十一日午後二時四十六分に起きた大地震は、海上ではレスキュー艇に乗っていた人たちが波の揺れとは少し違う程度の揺れしか感じなかったという。ヨットに乗っていたヨット部長の熊谷祐成《ゆうな》君(17)は、地震に気付かなかった。陸の監視塔からは、「津波が来る! 陸に戻れ!」の指令がレスキュー艇に届いた。レスキュー艇からは、「陸に戻れ」の合図の「ハーバー」をヨットに向かって叫び続けた。熊谷君は、事情が分からず何故陸に戻るのかと思っていたという。そのころ海上は風が弱く、ヨットは波間を漂うだけで前に進まなかった。ところが突然南風が吹き始め、ヨットはスピードを上げて陸に戻ることができた。部員たちが校庭に戻ってから五分後に津波は港を飲み込んだ。部員たちは全員無事だったが、十二杯あったヨットは全滅した。その中には、二百万円もするレース用のヨットもあった。部員たちはとなりの秋田県で開催が決まった夏のインターハイに向けてトレーニングを始めた。練習中のヨットが流された時に助けてくれた漁船のために、漁港のガレキの掃除を始めた。インターハイに使う中古のヨットを探しているという。「がんばれヨット部！」のエールを送りたい。

メモ三十九　東北・関東地方の太平洋岸は、世界有数の漁場であり、今回の津波で壊滅的な被害を受けたが、いかに復旧させるかが大きな課題となっている。魚を獲る漁船や漁港の復旧だけでなく、魚を加工し、流通させる施設の復旧も大切である。宮城県では、従来漁業組合のみに漁業権を与えていた仕組みを変えて、規制緩和や自由裁量を持たせた「特区」を設け、民間資本を導入する考えを発表した。自力で、復旧できる漁協組合は別として、高齢化が進んでいる漁村では、期待がもたれている。漁民の平均年齢が六十才を超えている漁村もある。

第10章
鉄道に乗っていた人たち

たまたま鉄道に乗っていた人たちがいた。乗員や乗客は地震の揺れとその後の津波にどう対処したのだろうか？　鉄道のマニュアルでは、乗員は近くの指定避難所に誘導することになっていた。しかし、そのマニュアルに従ったことが悲劇を生んだ事例があった。乗客の機転が他の乗客の命を救った事例もある。

常磐線が福島県相馬郡新地町にある新地駅に停車していた時に地震が発生した。二人の警察官が乗車していたが、新地駅は海岸から五百メートルなので津波が来ると判断し、ただちに全乗客四十人を下ろして高台にある新地町役場に誘導した。途中お年寄りの女性が歩けなくなったが、たまたま通りがかったトラックを止めて荷台に乗せてもらい、他の乗客を走らせて町役場まで全員避難した。津波が来るのが見えていたので全員必死だったという。津波で乗っていた客車は転倒し、駅は破壊されていた。二人の警察官の判断と行動がなかったら全員死んでいただろう。

メモ四十　常磐線は東京の日暮里駅を始点として、茨城県、福島県の太平洋岸と平行して走り、宮城県岩沼市の岩沼駅を終点とする東日本鉄道（ＪＲ東日本）の鉄道路線である。常磐線の由来は、常陸《ひたち》と磐城《いわき》の二つの地域名を取って付けられた。津波で壊滅的な被害があった駅は、富岡駅、新地駅、坂元駅、山下駅などであった。福島原発三十キロ圏内の駅は、南から、末続、広野、木戸、竜田、富岡、夜ノ森、大野、双葉、浪江、桃岡、小高、磐城大田、原ノ町などである。福島原発のため常磐線は南北で分断されたままである。

宮城県東松島市のＪＲ仙石線の野蒜《のびる》駅を出発した上下二本の電車があった。上下線とも一時は行方不明と伝えられたが、明暗を分けた結果となった。上り線は、四両編成で仙台の「あおば通」行きの普通電車であった。午後二時四十六分、野蒜駅を出発した直後に、激しい揺れに襲われた。緊急停止を告げる無線が入った。停車したのは野蒜駅から七百メートルを進んだ地点だった。ＪＲ東日本の内規では、災害で緊急停止した場合、乗務員は乗客を最寄りの指定避難所に誘導しなければならない。この時の指定避難所は、北東約三百メートルにある野蒜小学校の体育館であった。車掌らは内規通りに乗客約四十人を、指定避難所に誘導した。乗客を体育館に誘導した直後に津波が体育館まできて、数人が亡くなった。電車も津波に押し流され脱線していた。この時の車掌は、津波にあったが助かり、三十キロ先の仙台駅に向かって歩き、連絡が取れた。三月十日に報道カメラマンが撮影した写真によると、電車は津波の力で「ク」の字に折れ曲がっていたという。

下り線は、四両編成で「石巻」行きの快速電車であった。出発直後、突き上げるような衝撃があった。電車は小高い丘の上で停車した。車掌らは乗客約五十人を三両目に集めて、指定避難所に誘導しようとした。この時野蒜地区に住む男性の乗客が、避難誘導を制止した。「ここは高台だから車内にいた方が安全だ！」と言った。皆はその言葉に従った。しばらくするとすごい音とともに、津波が襲来した。あっという間に車を飲み込む様子が見えた。家の屋根につかまりながら流されている高齢者を車掌が救出した。津波は線路の直前で止まった。その付近で津波が来なかったのは、この丘だけだった。乗客の一人だった東松島のパート、渋谷節子さん（61）は、電車が少し前に進んでも後ろにいても津波に巻き込まれただろうと振り返った。津波を避けたものの、無線も携帯電話もつながらず、救助を要請することもできなかった。夜になると吹雪になり、寒さが増した。乗客が持っていたカリン糖や饅頭を分け合い、真っ暗な車内で一夜を過ごした。幸い翌日乗客は救出された。渋谷さんは近くの小野市民センターの避難所に収容されたが、家族と連絡がつかなかった。震災四日目に夫の洋次郎さん（65）と長女、百恵さん（25）と再会できた。

教訓四十　上り線の乗務員がマニュアル通りに行動したことを非難できない。しかし、下り線のマニュアルにとらわれない臨機応変な対応は立派であった。

日本鉄道貨物労働組合サイトに常磐線九二列車の大友運転士の証言が掲載していた。証言の要旨を掲載したい。

三月十一日十四時四十六分、常磐線、浜吉田〜山下間で地震に防護無線を受信し停車した。突然、大きな揺れに襲われた。ただちに輸送指令部に携帯電話で連絡したが通じなかった。左横の海側より大きなうねりの津波が襲ってきた。機関車は大きく揺れた。必死につかまり、何とか津波をやり過ごした。目の前で民家や車が流されていた。信じられない光景だった。助手席から後方をみると貨車とコンテナが三十メートル以上も先に見えた。これは大変なことになったと思った。荷物を守らなければと思い、不安ながら機関車でじぃーと待った。その後何回も大きなゆれが起きた。近くの防災警報でさらに大きい十メートル級の波がくるとの放送を聞いた。危ないと直感し、脱出することを決断した。少し海水が引いたところを見計らい、冷たい冬の泥だらけの海水に首までつかり、何とか民家にたどり着いた。民家も一階のガラスが破れていた。家具が散乱し、泥水が入り込んでいた。今後どうなるのか不安がいっぱいだった。寒さに耐え二階で津波の動静を見守っていた。

夜の十一時頃携帯電話が鳴った。電話に出ると何と当直からかかっているではないか。何とか脱出したことを伝えたので少し安堵した。緊張と不安と寒さで一睡もできなかった。夜があけてくると、だいぶ海水が引いていた。民家を脱出し、人がいるところへ避難し、無事を伝えた。生死の境目を繰りぬけたことを実感した。

間一髪の判断で被害を免れた例があった。岩手県宮古市花巻駅発宮古駅行きの山田線の二両編成の下り普通電車が津軽石の駅を発車しようとしていた時、激しい揺れにあった。運転士には宮古駅にある運行管理センターから無線で大津波警報が発令されてきた。発車の緊急停止と乗客の避難指示が出された。ダイヤでは、地震発生時刻と同じ午後二時四十六分十五秒が発車時刻だった。運転士、車掌および委託社員がホームに飛び出した乗客を津軽石小学校に誘導した。津波は、津軽石川河口の水門から国道四十五号線の土手を越えて、津軽石小学校の校庭付近まで押し寄せてきた。地元の消防団員でもあり、宮古浄化センター職員でもある高橋宏行さん（31）は、水門閉鎖から戻っていたが、「裏山に逃げろ！」と叫んだ。お年寄りもいた。電車は、約七十メートル釜石寄りの方向に流されて脱線し、線路をふさいだ。線路は津波に流され、損傷していた。高橋さんは、運転士が地理に明るくなかったので、咄嗟に裏山に逃げるように叫んだが、乗客全員が助かってほっとしたと語った。

メモ四十一　グーグルアースで津軽石駅および津軽石小学校を検索してみると、津軽石駅は、津軽石川の河口から約五百メートルの左岸側に近いところにあり、小学校は、そこから陸側に二百メートル弱である。校庭の高さは、海抜約十メートルである。小学校のすぐ裏には、海抜二十メートル以上の裏山や高台があった。常に地理に明るい人が身近にいるわけではないので、運転士や車掌は常日頃から、担当する沿線の地理を調べているとよいであろう。

岩手県を走る三陸鉄道会社の北リアス線の島越駅は、宮沢賢治の歌碑があるので、「カルボナード島越」の愛称で親しまれてきた。二階建ての駅舎には童話の世界のようなドーム型の屋根があった。駅は海岸から約百メートルのところにあり、海側に四十五号線の道路が走っている。駅の目の前が海水浴場で、洒落た駅舎が観光客に人気があった。歌碑は、宮沢賢治の「発動機船」のもので次の詩である。

水平線のま上では
乱積雲の一むらが
水の向ふのかなしみを
わづかに甘く咀嚼《そしゃく》する

一九八四年から津軽石駅で働いてきた早野くみ子さん（55）は、コンクリートと鉄でできた高架橋まで流されたことに茫然としたという。津波は駅舎も高架橋も流し去った。駅前にあった八重桜もなくなった。ガレキの中に、宮沢賢治の歌碑だけが残っていた。歌碑は、一九九七年、宮沢賢治生誕百周年に建立したものだった。島越駅を通過する列車は一時間に一本程度で乗客は百人程度だったが、車中心の地域でも高校通学などに大きな役割を演じてきた。老人の病院通いにも利用されてきた。全面復旧には百八十億円が見込まれるが、資金の目途はないという。

メモ四十二　三ヶ月後の復旧状況は、下記のとおりである。仮説住宅要求棟、五万二千五百戸に対し、二万八千二百八十戸（五十四パーセント）が建設済みである。ガレキ総量二千三百九十二万トンに対し、五百十九万トン（二十二パーセント）が処理済みである。電気は、東北電力管内で四百六十六万戸、東京電力管内で、四百五万戸で停電したが、福島原発二十キロ圏内の十一万戸以外はほぼ復旧した。都市ガスは、約四十万戸で故障があったが、建物および流失家屋以外はほぼ復旧した。水道は、十九都道府県で二百三十万戸で断水したが、未だに岩手、宮城、福島の三県で五万七千九百戸で断水が続いている。JR在来線は、四十三路線、約六千か所の橋梁および線路が損傷したが、七路線、三百四十四キロで運休が続いている。高速道路は、東北道、常磐道など十五路線で通行止めがあったが、常磐道の一部の通行止め以外は復旧した。国道は、百七十一区間で通行止めがあったが、二十一区間で通行止めが続いている。政府は、東日本大震災からの復興の基本方針で今後十年間に復興事業費は二十三兆円が必要だと発表した。

第11章

津波に襲われた仕事場

会社や企業など仕事場が津波に襲われた。個々の社員の命を守ることは最も大事なことだが、会社の秘伝のノウハウを守ることも大切である。社長や社員が津波の中で奮闘した話があった。

宮城県気仙沼市の水産加工業者で、「サンマのたれ」の秘伝を約二十年間守り通してきた会社「斉吉商店」の社長、斉藤純夫さん（49）は、津波の被害にあったが、社員一丸で秘伝の「サンマのたれ」を守った。サンマのたれは、サンマの佃煮や押しずしに使われてきた。一度も絶やさずに何度も醤油や砂糖を煮立たせ、煮汁を加えた「返しだれ」は、まろやかなコクを出す秘伝であった。妻の和枝専務取締役（49）も及川純一工場長（39）も、災害時に備えていた。及川さんは、五年前から「返しだれ」五キロを真空パックにして、リュックサックごと冷蔵庫に入れて保管していた。三月十一日の地震直後、津波警報が発令されると、及川工場長は、リュックを背負って、保冷車に乗り込んだ。社員の梶原幸紀さん（40）が運転して海と反対方向に逃げた。約一キロ行ったところで津波に追いつかれた。梶原さんの車はそのまま約百メートル流された。梶原さんは近くの倉庫の屋根に飛び移った。しかし、梶原さんは車の流された方向を確かめていた。震災から三日目、梶原さんは、流された保冷車を見つけ出し、中から「返しだれ」を無事取り出した。この日は、斉藤社長の誕生日だった。最高の誕生プレゼントになった。斉吉商店は、被災した六業者と、「被災応援ファンド」を設立して、出資金と寄付金を募っている。斉藤社長は唯一残ったバラック小屋を使って、「サンマのたれ」の製造を六ヶ月以内に再開したいと願っている。

教訓四十一　「斉吉商店」のリスク管理は見事にできていた。欲を言えば、さらに安全な場所に秘伝の「返しだれ」を保管していた方がよかった。津波が三十分後に来ることを予測して、さらに迅速な避難が望まれる。今後は、津波が来ない高台に工場を移転した方がよいであろう。

メモ四十三　東北地方および北関東地方は、東北道や東北新幹線が完成したため、多くの製造業の誘致が行われた。今回の地震および津波による企業が受けた被害額は、岩手県で、一二五五〇億円、宮城県で四三八〇億円、福島県で四一四〇億円、茨城県で五三〇〇億円と推計されている。東北地域の鉱工業生産指数は、二〇〇五年を一〇〇とすると、大震災後の四月には七一に落ち込んだ。特に自動車部品工場が被害を受け、トヨタ自動車や日産自動車などの自動車の生産は六〇パーセントの減産に陥った。部品の供給が停止したことで、日本国内だけでなく、アメリカのジェネラルモーター（GM）までもが減産を余儀なくされた。被害を受けた主な企業と復旧状況は、次のとおりである。電機産業では、岩手県北上市の東芝エレクトロニクスは、四月十八日から半導体の生産を一部再開した。宮城県多賀城市のソニー子会社、多賀城事業所は、五月三十日からブルーレイディスクの生産を一部再開した。茨城県ひたちなか市のルネサスエレクトロニクス那珂工場は、六月から半導体の生産を順次再開した。ルネサスは、自動車に使うマイコンのシェアは世界の四割を占める重要な生産を担ってきたので、取引先の自動車・電機メーカーから延べで八万人の支援者が駆け付けた。ルネサス一社の生産停止で、世界中の自動車メーカーが影響を受けたと言われる。自動車産業では、岩手県金ケ崎町にあるトヨタ系の関東自動車工場岩手工場は、六月から九割の生産を開始した。同じくトヨタ系で宮城県大衡村にあるセントラル自動車宮城工場は、六月から九割の生産を開始した。福島県いわき市の日産自動車いわき工場は、五月半ばから通常生産を行った。素材産業では、宮城県石巻市にある日本製紙石巻工場は、九月末までに印刷用用紙の生産を再開予定である。茨城県神栖市にある三菱化学鹿島事業所は、五月二十日からエチレンの生産を一部再開した。福島県いわき市にある小名浜製錬所（三菱マテリアルやDOWA出資会社）は、銅精錬の生産を七月一日から再開する。

九州の福岡にある会社の社員が契約先の仙台工場で津波に遭遇し、間一髪で生還した事例があった。福岡市にあるゼオドライト株式会社は、一九六九年に創業した逆浸透膜（ＲＯ膜）を使った水処理業界のトップメーカーである。ＲＯ膜を使用すれば下水や上水の時の不純物を取り除ける。ゼオドライトはプラントの設計から施工までを受け持つ。同社は、宮城県岩沼市にある製パン大手のフジパン株式会社の仙台工場に設置するプラントの設置を請け負っていた。三月十一日の地震当日は、三月二十九日の施工完了を控え、最終調整および慣らし運転を行っていた。オゾンを使用した最高レベルの排水プラントだった。ゼオドライトの松井真二さんは現場担当として作業にあたっていた。地震が発生した二時四十六分に松井さんは、受水槽の上に登っていた。松井さんは、強い揺れであったが、それほど強いとは思わなかったという。松井さんは、福岡西方沖地震（二〇〇五年三月二十日発生、マグニチュード七・〇、震度六弱、震源深さ九キロ）を経験したが、今回の地震は長かったが、揺れは少ないと感じた。直前の三月九日に地震があったので、またかと言う感じだった。地震の揺れが収まった後で、工場を点検したが、機械類に被害はなかった。薬品タンクから薬品がこぼれた程度だった。やがて、同工場の建築を手がけた株式会社ナカノフドー建設の担当者が「津波がくるよ！」と叫んだ声がした。その時、同工場には、工事関係者が約五十人、フジパン従業員が約百五十人、合計で約二百人がいた。地震発生後は、関係者は建物の外に避難し、点呼を取るなどしていた。工場は海岸から約一キロのところにあった。工場内では津波に対する警戒感がなかったという。テレビを見ていた人が、名取川が氾濫したというニュースを伝えた。松井さんは、工場内の機械室でこぼれた薬品の掃除をしていた。津波の声に外に出て後ろを見ると津波が迫っていた。どす黒い土の塊のような津波が来たので、松井さんはもう一人の者と工場の階段までの約百五十メートルを全力疾走した。二人が階段をのぼりつめた時に、後ろを津波が通り過ぎて行った。間一髪のことだった。工場の二階に上がると女性社員もいて皆パニック状態だった。窓の下に見る景色は、濁流の中に車、資材その他のあらゆるものが、流されてゆく地獄絵だった。二階にいても水位は上昇を続けたので、全員が工場の屋根に避難した。屋根に登ると雪が降っていた。海の方を見ると第二波が見えた。皆は工場の煙突などつかめるところに分散して、次の波に備えた。しかし、幸いに第二波は来なかった。第二波は、第一波の引き波とぶつかって、相殺されたのであろう。夕方暗くなって皆は二階に下りた。無事だったパンの中からきれいなものを選んで食べた。近隣の工場から流れてきた缶ジュースを拾って飲んだ。床に段ボールを敷いて一夜を過ごした。水は翌朝まで引かなかった。幸いにして約二百人全員が助かった。翌日避難所に移動した。避難所までの時間は五時間かかった。道が泥だらけで、土手伝いにしか歩けなかった。

教訓四十二　津波に対して全く備えをしていなかったにもかかわらず、全員が助かったのは奇跡である。津波の高さが、二階程度だったのが幸いした。今後は、「地震が来たら津波が来る」という想定をして避難すべきであろう。たとえ、津波が来なくても、損したと思わない方がよい。命は失えば、取り返しはできない。損得の問題ではないのである。

第五章「屋上に逃げた人たち」で紹介した大槌町の悲劇を別のアングルで再び紹介したい。岩手県上閉伊郡大槌町は、平成二十二年度で一五、二七七人の人口の太平洋に面した大槌湾に開けた町である。東日本大震災では、人口の一割強の一七二四人が死亡または行方不明になった。一旦は、二階の総務課で災害対策本部を立ち上げようとしたが余震が続いたため、役場前の駐車場で災害対策本部の会議を開こうとした。二階建ての庁舎は、築五十年の老朽化した建物だった。地震の揺れで停電にもなった。建物のある位置は海岸から約三百メートルで、標高はほとんどない。消防防災無線で大津波警報を伝えていた。岩手県の津波シミュレーションでは、「一メートル以上、二メートル未満の浸水地域」に指定されていた。一九六〇年のチリ地震津波で床上浸水した。防災計画では、庁舎が使えない場合、裏山にある中央公民館に災害本部を設置するように定められていた。ラジオでは、一番高い宮城県でも六メートルの津波が来る、と予報していた。岩手県は最初三メートルの津波と予測された。東梅《とうばい》政昭副町長（66）は、六・四メートルの堤防があるので津波を防げると思ったという。役場前にあるくみ上げポンプから地下水があふれ出した。加藤宏輝《こうき》町長（69）は、駐車場に机や椅子を並べる職員と言葉を交わらせていた。沢館純一総務課長（56）は、不安に思い、中央公民館に移動しようと呼びかけ、机や椅子を片付け始めた。その直後の午後三時二十分過ぎ、土煙を上げた黒い津波が襲ってきた。庁舎しか逃げる場所はないので、職員は三か所ある階段のうち、玄関に近い中央階段に殺到した。屋上に通じる鉄製梯子を上って屋上に逃れたのは、東梅副町長など二十人であった。加藤町長の姿はなかった。総務課の四戸《しのへ》直紀さん（32）は、外出先から戻ったばかりであった。近くのガソリンスタンドに津波が来たので、急いで庁舎の二階に上がった。沢館総務課長らと襲ってきた津波に飲み込まれた。最初机に上がったが、水位は上昇し、顔の高さまで達し、一分ぐらい水の中に沈み、水を飲み、苦しかった。真っ暗で何も見えなかった。足に当たるものがあったので蹴ると水面に顔が出た。泳いで屋上に行こうとしたが水の勢いに負けて、外に押し出された。役場から東に三百メートル離れたポンプ場の建物まで流され、外側の鉄製梯子に飛びつき、屋上に上がることができた。役場の屋上に避難した職員から名前を呼ぶ声がした。火に包まれた町を見つめながら、寒い一夜を過ごした。加藤町長の遺体は、役場から五百メートル北の国道四十五号線近くで見つかった。町長以外にも課長クラスの管理職が全員死亡または行方不明になった。役場の職員の犠牲者は三十二人であった。沢館総務課長の遺体は、役場の北約二百五十メートルで見つかった。町役場の機能がマヒ状態の中で、残った百人余りの職員が懸命に役場の機能回復に頑張っている。

教訓四十三　何故最初から裏山の中央公民館に避難しなかったかが悔やまれる。町役場は、住民の安全を確保する任務もあるが、災害後の救援や復興にも責任があるから、町長以下管理職は犠牲になってはいけない。防災計画通りに行動しなかったのは、予備訓練ができていなかったと思われる。最悪のケースを想定した訓練をしておくべきだろう。

自分で決めた指定避難所に逃れたが、津波に飲まれた末に、親切な家族が焚いてくれたたき火に命を拾った会社社長がいた。小型船舶エンジンの販売および修理をしている会社「カトーディーゼル」は、宮城県南三陸町の志津川湾に面していた。社長、加藤欣司さん（70）は、大津波警報を聞くと、女性事務員（62）と一緒に車に重要書類を詰め込み、国道四十五号を北上した。会社から一・二キロ離れた志津川天王前地区の空き地で、加藤社長独自の指定避難所だった。ここはチリ地震津波でも浸水しなかった場所だった。しかし、到着直後津波が襲いかかってきた。近くにいた四、五人が津波に飲み込まれた。ガレキが邪魔で顔を水面に出せない状態であったが、必死でガレキを分けて杉の枝をつかむことができた。津波に流され山の斜面を二十メートル上がると、寒さと疲労で動けなくなった。溺死を免れたのに凍死するのかと思った。意識は薄く視界はぼやけていたが、男性の他に女性が三人いて、「火を起こしたから暖まって！」と言う声が聞こえた。祖母に夫婦と娘の家族のように見えた。たき火を用意してくれた家族はそのうち立ち去った。加藤さんは、たき火に当たりながら一夜を過ごした。三月十二日、独力で山を下りて、自衛隊のヘリコプターで仙台市内の病院に搬送された。加藤さんは、全身打撲に右手首骨折、低温やけどの重傷だった。一週間入院した。一緒に逃げた女性事務員は遺体で発見された。幸い得意先の船は大半が津波被害を免れた。加藤さんは、たき火をしてくれた命の恩人の家族を捜している。

教訓四十四　自分で避難する場所を決めることは、間違っていないが、チリ地震津波を想定した避難場所を決めたことに問題があった。明治津波を想定すべきだった。想定すべき地震を設定しなくても海抜三十メートル以上の場所ならまず大丈夫であろう。会社の社長は、社員を守る義務がある。普段からリスクマネジメントを整備しておくことが必要がある。

仙台市若林地区荒浜で農業に従事しているところへ津波が襲った事例を紹介する。有機農法をしている粟野さんは、一家総出でニンジンの収穫作業中に激しい揺れに襲われた。両親には、あぶないからと、先に自宅に引き揚げさせた。自分は携帯電話でテレビをチェックした。六メートルの津波が来ると警告していた。恐らく津波は大丈夫だろうと、ゆっくり片づけをしていた。しかし、後ろを見たら、バリバリと音を立てて、津波が押し寄せてくるのが見えた。一瞬戦慄が走った。この日は休みの幼い娘と息子がいた。慌てて子どもの手を引いてトラックに乗せ、軽トラしか走れない農道をフルスピードで、ガタピシと三キロを走った。なんとか津波にあわずに無事自宅に到着した。家は壁にヒビが入った程度で済んだ。田畑は、戦争で空襲を受けた焼け野原のような残状だった。普段は、松林の遠くに海が見え、野菜畑が海風にそよぐ平和境だった。荒浜では、有機農法をしていた五名の生産者の畑が津波の被害を受けた。一人は家を失い避難所に身を寄せた。

メモ四十四　海水が浸水した農地は、塩分を除去するのに苦労をしている。水田では、地震で水路が破壊され、水が引けない事例が出ている。市街地や漁港の破損が大きく報道されるが、農業の被害も甚大であった。ガレキの撤去は、都市部が優先されると、農地は後回しになる懸念が生じる。

塩分を含んだ農地で生育に強い作物は、試作された中ではトウモロコシであることが報告された。

福島県浪江町の会社員、桑原信一さん（59）は、福島第一原子発電所から三キロ離れたキャンプ場が仕事場であった。地震発生後、高台に避難した。カバンを取りに沿岸部の事務所に戻ったところ、突然津波に襲われた。あわてて事務所の建物の陰に隠れたが津波に飲み込まれた。高さ三・五メートルの堤防があったために津波が見えなかったという。意識を取り戻し、水の中で手を伸ばしたら、高さ十五メートルの木の枝をつかむことができた。約一時間半、木につかまり耐えた。波が引き、木から下りて、命が助かった実感を持てたという。その後消防団に救助され、妻ヒデ子さん（57）の実家に避難した。最初行方が分からなかったヒデ子さんと三月十四日の夜に再会できた。自宅は福島第一原子発電所から十数キロしか離れておらず、自宅には戻れないという。

陸前高田市の郵便局員石山仁さん（29）は、川の下流地域で配達をしているときに地震に遭遇した。残りの手紙を配達するか、高台に逃げるかを一瞬考えた。その時、顔を知っていた郵便局員のOBが「橋を渡って逃げろ！」と叫んだ。郵便局に戻ると「津波が来た！」と叫ぶ声が聞こえた。二階の梯子を伝って、屋上にある狭い通気塔に登った。暗い塔内で水かさが増し、隙間が十数センチしかなくなった。ダメかと思ったところで水が引いてくれた。津波は、川を逆流し、多くの家を流した。郵便局で働く五十人の職員のうち、十二人が亡くなった。最初から高台に逃げていれば、もっと助かった人がいたのにと悔やまれた。一週間後、避難所から職員が集まり配達を再開した。ガレキの中から流されたバイクの中に入れておいたカバンが見つかった。手紙五十通が奇跡的に残っていた。乾かして一通ずつビニール袋に入れて配達先に届けた。「津波で生き残った手紙だから、一生大事にする」と感謝されたという。

第12章

福島原子力発電所の教訓

福島第一原子力発電所は、十三メートルの津波により、すべての電源装置が破損し、原子炉および燃料プールに冷却水を供給できなくなった。このため、第一号機から第三号機までの原子炉の中の燃料棒および第四号機の使用済み燃料プールの燃料棒は、異常高温状態になり、放射能が外部に漏れる大事故になった。第一号炉から第三号炉までの三つの原子炉の燃料棒は、いわゆるメルトダウンを起こし、発生した水素による爆発を起こした。東京電力、原子力安全・保安院および政府の発表する報告内容は、発表時期によりそれぞれ異なり、混乱を生じた。三ヶ月時点での各種報告を著者なりにメモの形で以下にまとめてみる。

メモ四十五　福島原子力第一発電所（福島原発と略称する）は、六基あるが、今回の地震と津波で故障を起こしたのは、第一号機から四号機の四基である。このうち第四号機は、停止状態であったので、原子炉

には燃料棒はなく、使用済み燃料棒が冷却プールに入れられていた。

三月十一日、午後二時四十六分に起きた地震直後、一号機から三号機までの三基は自動停止になったものの、非常用電源が作動し、問題なしとの報告がなされた。しかし、三時四十二分、十三メートルの津波が襲来し、電源装置がある原子炉建屋およびディーゼル建屋に浸水し、タンク、ポンプなどの施設を破壊した。このため、緊急炉心冷却システム（ＥＣＣＳ）が作動停止し、非常用電源用のオイルタンクが流出し、原子炉を冷却することが不可能になった。津波の想定高さは五・七メートルで設計されたが、実際の津波は十三メートルだった。電源装置は、建屋の地下に設置されており、津波が浸入することを想定していなかった。午後四時三十六分には緊急事態となった。すなわち、一号炉から三号炉までの三基に冷却水が提供されず、原子炉の水位が低下して、燃料棒が露出する事態が生じた。あとから報告されたが、津波発生から一時間後に一号機の燃料棒は露出し、それから二時間後に温度は二千八百度となり、メルトダウン（炉心溶融）が起きた。二号機は、三月十四日の一時二十五分まで冷却システムが作動したが、三月十五日午後八時時ごろまでにメルトダウンが起きた。三号機は、三月十三日午前二時四十二分に原子炉の圧力低下により高圧中止系が作動停止し、午前七時に燃料棒が露出し、午前九時には、メルトダウンに至ったと思われる。

三月十一日、午後七時に官邸は緊急非常事態を認識し、午後九時二十三分、菅首相は「原子力緊急事態宣言」を発表し、半径三キロ以内に住む住民に避難命令を出した。すべてに優先させた東電の電源車が午後十時四十分ごろ到着した。その後自衛隊を含め八十台もの電源車が到着した。

三月十二日、未明、電源車が到着したものの、六千九百ボルトのケーブルが不足し、配電盤につながらなかった。つないだところがポンプが作動しないことが判明した。午前五時四十四分には、放射線量が上昇し、半径十キロの住民に避難指示をだした。原子炉では、むき出しになった燃料棒は、温度が二千八百度と高温になりメルトダウンを起こし、燃料棒が溶融して、原子炉の下部に貯まったと推定される。原子炉容器、圧力容器のいずれかあるいは両方に損傷があり、放射物質が放出され、建屋には水素が充満した。原子炉の圧力が上昇し危険なので、ベントと称する蒸気の外部放出を官邸は、三月十二日の六時二十分に東京電力に指示した。しかし、東電は、ベントを実施したのは、午前十時十七分であった。遅れの理由は、自治体と連絡して住民の避難確認が遅れたことと、手動でベントをするマニュアルがなく、停電の中での作業に手間がかかったことである。それから五時間後の午後三時三十六分、一号機で水素爆発が起き、建屋の屋根は破壊された。これにより大量の放射性物質が空中に散乱した。東電の行動が遅すぎたことは否めない。東電は、水素爆発を想定していなかったと言われている。午後六時二十五分、半径二十キロを「避難地域」に指定した。午前六時五十分、菅首相は、原子力安全委員会の斑目委員長と一緒に現場の上空までヘリコプターで視察した。この時菅首相は爆発が起きる可能性を斑目委員長に何度も問いただしたが、圧力容器から水素が漏れないから爆発はないと回答を得たという。専門家でさえ、水素爆発を誰も予想しなかった。菅首相が現場にいた時間に現場の所長は首相に同行していたため、緊急の指示が出せなかったともいわれる。対策が後手になったことは否めない。午後六時、斑目原子力安全委員会委員長が、「再臨界の可能性はゼロではない」と言ったことから、海水注入の検討を指示した。これを受けて東電は、午後七時五十五分から海水を注入した。

三月十三日、三号機でもＥＣＣＳが停止し、危機的状態、すなわちメルトダウンが生じた。

三月十四日、午前十一時一分、三号機で水素爆発が生じ、建屋は破壊された。午後一時二十五分、二号機でもＥＣＣＳが停止した。夕方から海水注入を行うものの、十分な水量でないため、メルトダウンが起きる可能性がでた。

三月十五日、午前一時十一分、二号機で高濃度の放射線量を検出した。六時十四分、二号機で小さな爆発音が聞こえ、圧力容器の一部が破損した。メルトダウンしたと思われる。四号機でも爆発音がして、建屋の壁が破損した。使用済み燃料プールの水がなくなり、使用済み燃料棒がむき出しになったことが判明した。午前九時三十八分、四号機で出火があった。大量の放射物質が空中に放散されたことを受けて、菅首相は半径二十キロから三十キロの範囲を「屋内退避」に指定し、住民を避難または退避を呼び掛けた。この朝東京でセシウムが検出された。

三月十六日、二時四十分、政府は国際原子力機関（ＩＡＥＡ）に専門家の派遣を依頼した。五時四十五分、四号機で再び出火した。八時ごろには、福島市で通常の五百倍の放射線量が観測された。三号機から白煙が出た。政府は「すぐに健康に影響が出るレベルではない」と発表したが、かえって疑心暗鬼が広がった。十時四十分ごろには、福島原発の正門付近で、毎時十ミリシーベルトの高放射線量が観測された。

三月十七日、未明に、米政府は半径八十キロに住む米国人に避難勧告を出した。九時四十八分、使用済み燃料プールの水位が低下している三号機に、陸上自衛隊のヘリコプター二機が合計四回、三十キロの水を放水した。しかし、水量が少なく効果は疑問であった。午後七時三十五分、自衛隊の消防車両が三号機に放水を開始した。

三月十八日、国際安全・保安院が、一号機から三号機までの三機は、国際的な尺度で「レベル三」を暫定評価として発表した。しかし、後にチェルノブイリ原発の時と同じ、最高レベルの七に引き上げられた。

三月十九日、一号機と二号機に送電線の接続が完了した。

四月十七日、東京電力は、冠水（水棺）による冷却安定化の工程表を発表し、六ヶ月から九ヶ月以内に収束すると宣言した。

四月十四日、原子力安全・保安院が福島原発の事故をチェルノブイリと同じ「レベル七に相当」と発表した。

四月二十二日、政府は、二十キロ圏内の大熊町、双葉町、浪江町、楢葉町一部、南相馬市一部を「警戒区域」に指定し、二十キロから三十キロまでの範囲の楢葉町、広野町、川内村、田村市一部、南相馬市一部を緊急時避難準備区域に指定した。三十キロ圏外の浪江町、葛尾村、南相馬市一部、飯館村、川俣町一部を「計画的避難地域」と指定した。一年間に浴びる放射線量が二十ミリシーベルトを超える値が基準になった。

五月十六日、東京電力は、メルトダウンの事実を認め、循環注水冷却方式に切り替えた工程表を発表し、同じく六ヶ月から九ヶ月かかると宣言した。

六月七日、政府はＩＡＥＡに報告書を提出した。この中で、一号機から三号機の核燃料棒が圧力容器を貫通させた可能性があると報告した。これはメルトダウン以上の深刻なメルトスルー（溶融貫通）であった。

六月十六日、三十キロ圏外の飯館村、南相馬市、伊達市の住居で一年間の放射線量が二十ミリシーベルトを超える危険がある住居は、「特定避難勧告地点」に指定された。

著者のコメント

政府および東電は様々な対策を講じているが、本稿を書いている六月現在で原子炉は安定化していない。東電が発表した工程表では、五月から六ヶ月から九ヶ月以内に安定化させるとしているが、信用する者は少ない。福島原発の事故は天災の影響を受けたが、初動の遅れや指揮系統の乱れなど人災とも言える。絶対安全な対策をしているという過信があったことで対策が後手に回った。著者は水素爆発をした時点で、メルトダウンさらにメルトスルーが起きていると予測した。しかし、東電も原子力安全委員会も水素爆発は想定していなかったという。政府はこれを公表する発想がなかったと白状した。真剣に事故対応を準備していたとは考えられない。原子力発電反対者を排除し、原発推進者のみで固めた「原子力ムラ」の傲慢さと欺瞞性が事故を起こし、さらに拡大させたと言える。「原子力ムラ」は、主として東京大学原子力工学科出身者で占められていた。六月現在でも、一日五百トンの大量の水を冷却用に注入しているが、その汚染水の処理のめどは立っていない。結局は海に流れ出て海を汚染することになろう。原子力発電の最大の問題は、一旦原子炉または圧力容器が破損すると、異常な核反応を停止させることも、廃炉にすることも難しく、少なくとも三十年以上の時間と膨大なコストがかかるとみられる。事故が起きたら、原子力発電は決して、「安全でもなく」、「安価でもなく」、「クリーンエネルギーでもない」ことが判明した。東電は、この事故で、一兆二千億円の損失を計上したが、この中には住民や被災企業に対する補償費用は含まれていない。危険で避難を余儀なくされた人たちや地域の空気、水、土が汚染され、住み慣れたふるさとは、半永久的に失われることになる。地域住民はお金で買えない貴重な「心のよりどころ」を失った。産業の振興には原子力発電が必要だとの意見もあるが、著者は、人類が発明した『魔の科学技術』ととらえ、一旦事故が起これば、「回復不可能な開発」であり、関与する人たちの「持続的な幸福」を喪失させるものとして反対する。もし、絶対安全だと言うなら、原発推進者の家や企業の横に原発を作るべきであろう。もし、東京首都圏に原発を作る計画がでたら、誰しも国家の危機管理として反対するだろう。結局、原発は、貧困にあえぐ地域がお金をもらう代償としてしか成立しない。為政者が真に国民と国土を愛するなら、原発はやめたらよかろう。産業振興と経済発展を優先するなら原発をしたらよかろう。しかし、二つの選択肢は両立しないことを今回の事故が証明した。今まで科学技術の発達は人類の幸福を支えてきた。原子力発電は、事故に至れば本質的に原子力爆弾と同じように放射能被害をもたらす。著者はあえて、原子力爆弾が「悪魔の兵器」であるのと同じように、原子力発電は、人類を滅亡させる「悪魔の技術」と言いたい。平成二十三年七月現在で、日本全国五十四基の原子炉のうち、三十五基が運転中止されている。九州の佐賀県にある玄海原発の運転再開の是非が議論されているが、著者は福島原発事故の終息を見極めるまでは運転を再開するべきでないと考える。なぜなら事故を起こした時の対応および住民への補償、汚染された土地や避難者や被災自治体の復帰がいかなる被害であったかが説明不可能であるからである。

メモ四十六　放射能線量を測定する単位には三つある。一つ目はベクレルで、一秒間に一つの原子核が崩壊して放射する放射量を言う。二つ目はグレイで、一キログラムの物質に一ジュールの放射エネルギーが吸収された時の吸収線量を言う。三つ目はシーベルトで、グレイに放射線の種類ごとに人体へ影響する放射線荷重係数を乗じた値を言う。シーベルトの一千分の一がミリシーベルトであり、さらにその一千分の一がマイクロシーベルトである。

メモ四十七　福島県第一原子力発電所は、大熊町にあるが、双葉町はその北隣にある。浪江町はさらにその北にある。富岡町は大熊町の南にある。十キロ圏内に含まれる町は大熊町、双葉町、浪江町、富岡町である。二十キロ圏内に含まれる市町村は上記の四つの町の他、楢葉町、川内村、田村市、葛尾村、南相馬市である。二十キロ圏内は警戒区域で避難を義務付けられた。三十キロ圏内に広げると広野町と飯館村が入る。二十キロ以遠で三十キロ圏内は緊急時避難準備区域に指定された。飯館村はほとんどが三十キロ圏外だが、風向きが悪く放射線量の数値が高いので、計画的避難区域に指定された。葛尾村および南相馬市の一部も計画的避難区域に指定された。計画的避難区域は一年間の積算放射線量が基準値を超えると危惧されている。（本書カバー裏図版参照）

メモ四十八　放射線量の基準値の解釈について福島原発付近の住民はどう判断してよいか迷っている。日本政府の基準値は、毎時五マイクロシーベルトである。避難させる基準は年間の積算線量が二十ミリシーベルトを超える危険がある場合である。実際に測定された放射線量は、水素爆発後に、三十キロ圏内は、二十〜四十マイクロシーベルトとなった。その後放射線量は低下したもののの、基準値前後の数値が出ている。東京のように遠い場所では、〇・一ないし〇・二マイクロシーベルト以下の値であった。東京〜ニューヨークをジェット機で往復すると二百マイクロシーベルト、X線検査をすると一回で六百マイクロシーベルト、CTスキャンを一回すると六・九ミリシーベルトを被ばくする。福島原発で作業する作業員の最大累積放射線量は、最初百ミリシーベルトだったが、二百五十ミリシーベルトに引き上げられた。放射線を浴びたらどんな病気になるかは、タバコの喫煙者と同じように個人差が大きいと言われる。糖尿病や高血圧の人とそうでない人では反応が異なるであろう。大まかには、百ミリシーベルトから千ミリシーベルト（一シーベルト）を浴びると何らかの健康被害がある。一〜三シーベルトに達すると直ちに治療が必要になる。三シーベルト以上は生命に危険がある。白内障、白血病、不妊症（男女とも）になりやすいと懸念される。低濃度でも長期間放射線を浴びると、乳がん、リンパ系がん、膵臓がん、肺がん、胃がん、骨がん、甲状腺がんになる危険がある。文部科学省は、学校の校庭使用に関する暫定基準を毎時三・八マイクロシーベルトにした。そして年間積算線量を、二十ミリシーベルトにした。自治体や多くの親たちは、この基準が低すぎると苦情を述べている。野菜や魚の放射線量の日本の暫定基準は、五百ベクレルである。この基準を超えると出荷停止になる。福島原発から三百キロ離れた神奈川県南足柄市で五月十日にお茶の葉がセシウム五百七十ベクレルを記録し、暫定基準値の五百ベクレルを超え、出荷停止になった。茨城県の北茨城市では、イカナゴ稚魚に四月四日にセシウム、四月十一日にヨウ素が基準値を超え出荷停止された。

メモ四十九　読売新聞のアンケート調査によると、「日本の原発をどうするか」を被災者に問いただしたところ、福島第一原子力発電所については、「すべての原子炉を廃止」が七十二パーセント、「震災対策をしたうえで五～六号機は再開」は十四パーセント、「わからない」が十五パーセントであった。他の原発については、「すべて停止すべきだ」が三十二パーセント、「震災対策をした上で運転」が四十七パーセント、「現状のまま運転」が三パーセント、「わからない」が十八パーセントであった。隣の南相馬市の一部は、福島原発から二十キロ圏内の「警戒避難区域」に指定されているため、七万人の住民のうち三万人が避難を余儀なくされている。漁業の再開の目途は立っていない。

政府は、六月七日に国際原子力機関（ＩＡＥＡ）に福島原子力発電所の事故に関する報告書を提出した。この報告書の中で二十八項目の教訓を提示した。項目は立派だが、中の説明は、きれいごとであり、言い訳じみているので、項目だけ列挙して、内容に関しては著者のコメントをのべる。

東京電力福島原子力発電所の事故は、原子力安全に対する国民の信頼を揺るがし、原子力に携わるものの過信を戒めるものとなった。今回の事故から徹底的に教訓をくみ取り、この教訓を踏まえて、我が国の原子力安全対策の根本的な見直しが不可避である。

（一）地震・津波への対策の強化

今回の地震および津波は史上最大の規模であったが、ほぼ同じ規模の地震および津波は過去にもあったわけだから、想定した津波の高さが五・七メートルは歴史を無視したと言える。産業技術総合研究所が、仙台平野において、海岸から直角の断面線に沿って発掘調査を行い、貞観津波の堆積物を掘り当て、海岸から四、五キロまで津波が来た証拠をつかんでいた。産総研は、経済産業省の総合資源エネルギー調査会の会合で、福島原発は、貞観津波クラスの津波が来たら危険と警告したが、無視されたという。福島原発は、一九三〇年代に起きた塩屋埼沖地震（マグニチュード七・九）しか想定していなかった。この忠告を無視した東電の責任は重い。電源装置、海水ポンプ、冷却装置など、原発で根本的な装置の津波対策はほとんどなされていなかったといえる。北海道大学平川一臣《かずおみ》特任教授の宮城県気仙沼市の海岸における発掘調査によると、今回の平成津波クラスの大津波は六千年間に六回、すなわち約千年に一回襲来したことが、地層の分析から判明したという。大津波の起きた地層には、海砂や貝殻が含まれ、明らかに津波によるものと推定されるといわれる。

(二) 電源の確保

福島原発のすぐ裏には高台があったにもかかわらず、電源装置あるいは非常用電源は、建屋の地下に設置されていた。津波の侵入を想定していなかったと言える。建屋には頑丈な鉄の扉があるから大丈夫と思ったというのは、幼稚な考えであった。電源車が駆けつけても、すぐにケーブルを接続できなかったという初歩的なミスを犯し、メルトダウンあるいは水素爆発を誘った。非常用電源に使われるオイルのタンクが海側にあり、津波でオイルが流出して使えなかった。配置設計のミスであろう。

(三) 原子炉及び格納容器の冷却機能の確保

海水ポンプが海岸側にあったために、津波で破壊され、機能喪失によって原子炉の冷却ができなくなった。海水注水や原子炉の減圧にも手間取った。一日に必要な水量は、四機で五百トンにもなるから簡単に代替えの水源を確保するのは難しいと言える。いくら原子炉や格納容器が力学的に頑丈だからといっても、水の供給が途絶えて冷却ができなくなれば、深刻な事故が発生するのである。

メモ五十　福島原発の原子炉は十六センチの鉄でできている。その中に四メートルの核燃料棒の一部を水の中に挿入して、核反応を起こさせ、その発熱で水を沸騰させ、水蒸気を生じさせ、蒸気をタービンに誘導して発電を行う。温度及び圧力の管理は中央制御室で行われる。もし、水の供給が止まると、核反応が急激に進み、二千八百度の超高温になり、いわゆるメルトダウンと称する溶融が起き、原子炉を損傷させることになる。実際福島原発の第一号炉から三号炉までの三炉でメルトダウンが生じた。これにより水素が建屋に充満して、水素爆発を起こした。原子炉の運転には、大量の水の供給による冷却が必須の条件である。

メモ五十一　原子炉圧力容器は、原子炉を守り、いざというときに、放射能物質の外部流出を防ぐために、原子炉を包むようにしている巨大な容器である。福島原発の原子炉圧力容器は、三センチの鉄にさらに二メートルのコンクリートでできている。原発の安全対策の三原則は、「止める」（緊急停止）、「冷やす」（炉心の過熱を抑える）、「閉じ込める」（放射性物質が漏れ出さないようにする）の三つといわれる。福島原発事故では、「止める」しかできず、「冷やす」も「閉じ込める」もできなかった。実際福島原発の原子炉圧力容器は地震およびメルトダウンさらにメルトスルーにより損傷し、圧力容器の機能である「閉じ込める」が失われた。水素爆発を起こしたということは、メルトダウンが起こり、原子炉も原子炉圧力容器も損傷したと解釈してよい。

（四）使用済み核燃料プールの冷却機能の確保

核燃料プールに水が供給されなくなった時のリスクを想定していなかった様子がうかがえた。第四号機は、原子炉に核燃料棒がなく、原子炉は停止状態で、使用済み核燃料棒がプールにあっただけだった。実際には、プールが破損し、水位が低下したので、使用済み核燃料棒の温度が上昇し、水素が発生して爆発を起こした。その後も放射性物質を含む蒸気が立ち込めた。プールの大きさが、十メートル×十メートル×十二メートルの大きなプールで、千二百トンの水が必要である。プールが壊れ、電源が失われたら、簡単にこれだけ大量の水の供給はできないと思わなければならない。実際、四号機の破損したプールは事故後三ヶ月後でも修理はできていない。プールの位置する場所は、地上から四階および五階の高さにあり、簡単には修理ができない。大きな地震ではプールの水が激しく揺れて、水が外部に流出する。これによりプールに接続された配管が損傷する可能性がある。実際四号機のプールに接続する残留熱除去系配管が損傷した。プールの壁が損傷する危険もある。

メモ五十二　使用済み核燃料は、ウランおよびプルトニウムを大量に含む高レベル放射性廃棄物であ

る。通常使用済み核燃料は、使用後、貯水プールに三年から五年間水中に冷却された後、再処理される。今まで日本は使用済み核燃料を高額の処理費を支払いフランスに再処理を依頼してきた。日本では、青森県六ヶ所村にある六ヶ所核燃料再処理施設が建設されている。世界的に使用済み核燃料の再処理あるいは廃棄は最も頭の痛い問題となっている。使用済み核燃料といえども、核反応は完全に止まっているわけでなく、β崩壊やγ崩壊をするので放置すると発熱をする。

（五）アクシデントマネジメント（過酷事故へ拡大させない対策）の徹底

アクシデントマネジメントは事業者の自主的取り組みとされているが、東電は収益性を重視し、様々な安全対策に厳格性を欠いていた。国の指針も一九九二年の策定以来、見直されていない。今回の東電の対応を見ていると、東電にアクシデントマネジメントができていたとはいえない。東電は、事故が起きないような対策をしていなかったのみならず、事故が起きてからも対応がお粗末だった。外部から見ているとすべてが後手で、その場しのぎの対策を初めて施しているように見える。あらかじめ事故対策ができていたとは思えない。

（六）複数炉立地における課題への対応

一箇所に複数の原子炉がこれほど多くあるのは日本だけといわれる。福島第一原子力発電所は、六基あったが、さらに四基の増設計画を提案していた。これは原発の建設位置を確保するのが極めて困難なことから、一旦自治体や住民の了解を得て建設場所を確保すると、複数の原子炉を建設するようになったのが理由である。そのため危険分散ができていなかった。災害多発国の日本に原子力発電所を建設すること自体が疑問であった。同時に事故が起き、複数の原子炉の間隔が小さかったため、隣接炉の緊急時対応に影響を及ぼした。福島原発では、四つの原子炉が同時に事故を起こしたことが、その後の事故対応を更に困難にしている。

メモ五十三　福島第一原子力発電所の第一号炉および第二号炉は一九七〇年代初めに、アメリカのジェネラルエレクトロニクス（GE）が設計した一番古いタイプの沸騰水型原子炉であった。当初の計画では耐用年数が十年であった。ところが十年過ぎて、廃炉にすることが難しく、経費もかかることから、修理しながら結局四十年も使用してきた経緯がある。さすがに三十年が経過した時、廃炉が検討されたが、政治的な取引から継続をしたといわれる。

（七）原発施設の配置の基本設計上の考慮

非常用電源装置の位置が地下にあったこと、使用済み核燃料プールが原子炉建屋の高い位置にあったこと、海水ポンプが津波の被害を受ける位置にあったこと、原子炉建屋およびディーゼルタービン建屋に水が貯まった事態に排水を考慮していなかったことなどが事故対応を困難にした。汚染水がタービン建屋に及び、さらに海に流出するなど汚染水の流出が拡大した。海側に高い防波堤を建設しても、完全に津波を防ぐことは困難である。実際釜石や大船渡に建設された巨大な防波堤は津波に破壊された。

（八）重要機器施設の水密性（水の浸入防止）の確保

海水ポンプ施設、非常用発電機など多くの重要機器施設が津波で冠水した。「設計の想定を超える津波や洪水に襲われた場合も、水密扉の設置などで水密性を確保する」と報告書で述べているが、津波の破壊力から言って、水密扉の設置は力学的に絵空事であると言わざるを得ない。たとえ水密扉が壊れなくても、地震で建屋のコンクリートにヒビが生じ、水密性が損なわれる恐れがある。

（九）水素爆発防止対策の強化

一号機の最初の爆発から有効な手だてをとれないまま、連続爆発が発生した。原子炉建屋に水素が漏えいして爆発する事態を想定していなかった。「発生した水素を的確に逃がすか減らすため、格納容器の健全性を維持する対策に加え、水素を外に逃がす設備を整備する。」と報告書では言っているが、建屋の一部に穴をあけるぐらいの対策しか出されていない。

メモ五十四　水素が発生し、爆発を起こすことは、東電も原子力安全委員会も想定していなかった。ＮＨＫテレビで、斑目原子力安全委員会委員長は、菅首相と一緒にヘリコプターで福島原発に向かった時に、爆発を起こす危険を菅首相から質問を受けたという。格納容器には窒素ガスを入れてあるから「爆発はあり得ない」と答えたという。本人も爆発は予想していなかったと述べた。ということは、メルトダウンを起こすはずはないと思っていたと言える。

（十）格納容器ベントシステムの強化

格納容器の圧力を下げるために弁を開くベントの操作性に問題があった。建屋内は停電で暗く、おまけにベントを行う弁の開閉は電動が基本で、手動を行うようにできていなかった。そのため設計図を確かめることから、始めなければならなかった。さらに建屋は高放射性物質が充満していた。放射性物質除去機能も十分ではなく、効果的にベントができなかった。

メモ五十五　ベントは、冷却機能の喪失などで格納容器内の圧力が異常に上昇した際、容器が破損して大量の放射性物質が漏れるのを避けるため、中の蒸気を排出して圧力を下げる措置をいう。福島原発の弁には放射性物質を除去するフィルターは設置されておらず。ベントにより、高放射性物質が大量に空中に放出された。実際ベントが行われた三月十二日の放射線量が一番大きかった。これにより、政府は十キロ、さらに二十キロ圏内の避難を呼びかけた。

（十一）事故対応環境の強化

中央制御室や原発緊急時対策所の放射線量が高くなり、運転員が入れなくなるなどして事故対応に支障が出た。放射線遮蔽《しゃへい》あるいは除去など、活動が継続できる環境を強化する。

（十二）事故時の放射線被ばくの管理体制の強化

多くの線量計などが海水につかって使用できず、適切な放射線管理が困難になった。空気中の放射性物質の濃度測定も遅れ、内部被ばくのリスクを拡大させた。事故時の防護用資材を十分に備え、被ばく測定を迅速にできるようにする。アメリカからこれらの資材を提供されたのは情けなかった。東電の事故後の管理は、上限値をオーバーする作業員が出るなど、お粗末であるとしか言いようがない。作業員の日給は、四十万円と言われ、お金欲しさに無理して働く作業員がいないとも限らない。管理の徹底が求められる。

メモ五十六　六月十三日、東京電力は福島原発の事故で緊急作業時に定められている被曝量の上限である二百五十ミリシーベルトを超えた作業員三七二六人のうち、既に公表された二人（六百ミリシーベルト超）に加えて六人、合計八人いると発表した。六人の中で最も高い被曝をした作業員は四九八ミリシーベルトであった。主に三月十二日のベントおよび水素爆発で生じた高放射能に汚染された中央制御室で被曝したという。マスクの使用が徹底していなかったと言われた。線量計できちんと計測もしてなかった。なお、通常の百ミリシーベルト以上、二百五十ミリシーベルト以下の被曝者は、九十四人であった。東電は「健康上の心配はいまのところない」と言っているが、将来どのような障害が出るかを注目したい。今後基準値を超える作業員が増えるであろう。

（十三）シビアアクシデント（過酷事故）対応の訓練の強化

東電の中で本社と現場の連絡の欠如はひどかった。誰がリーダーか、だれが指揮をしているかが見えなかった。同じことが、政府の原子力災害対策本部、関連自治体、自衛隊、警察などとの連携確立に時間を要した。枝野官房長官の話が一番分かりやすかった。ベントを実行するとき関連自治体の住民を緊急避難させる情報を自治体の長は事前に知らされていなかったという。テレビを見てびっくりしたという自治体もあった。「今のところ健康に影響はありません」の言葉は、極めて不適切で、国民は将来健康にどのような影響が出るかを知りたい。

（十四）原子炉及び格納容器などの計装系（測定計器類）の強化

「原子炉と格納容器の計装系が過酷事故の下で十分働かず、炉の水位や圧力、放射性物質の放出量など重要情報が確保できなかった。過酷事故発生時も十分機能する計装系を強化する」と報告書で言っているが、具体的な方策は提案されていない。電源が停止すれば当然計装系も作動しない。いったいどうするつもりなのか？　計装系も地震や津波、あるいは爆発などで破壊されることもありうる。

（十五）緊急対応用資機材の集中管理とレスキュー部隊の整備

原発周辺で地震・津波の被害が発生し事故の際に、レスキュー部隊が現場で十分機能しなかった。過酷な環境下では自衛隊頼りになっていた。今後もこの構図は変わらないであろう。

（十六）大規模な自然災害と原子力事故との複合事態への対応

「事故が長期化する事態を想定、事故や被災対応に関する各種分野の人員の実効的な動員計画を策定する」と報告書で言っているが、原発の中央制御室の管理は、だれにでもできるわけでなく、専門知識が必要である。加えて積算放射線量が上限を超えると交代を余儀なくされるから、人員を事前に確保しておくなどは、容易にできることではない。

（十七）環境モニタリングの強化

緊急時の環境モニタリングは地方自治体の役割となっている。しかし、今回は自治体も地震および津波の被害が甚大であり、放射能の測定など環境モニタリングが不可能であった。事故緊急時は国が責任をもって実施する以外不可能であろう。数ヶ月後には各自治体も放射線量の測定を行ったが、測定の標準化が確立されておらず、測定箇所、測定方法、測定頻度など国が基準を定める必要がある。

メモ五十七　当初は各県が一か所で放射線量を計測していたが、線量計の位置が高かったせいで、放射線量の高い地上での値が分からなかった。そこで各市町村は、公園や側溝などの多数箇所で地上から五センチと一メートルの高さで観測を始めた。その結果、側溝などに線量が高いホットスポットがあることも分かってきた。高放射能物質を含む側溝に貯まった土砂の除去はこれから問題になるであろう。政府は、地上一メートルの高さで放射線量を測定することを定めた。

（十八）中央と現地の関係機関の役割の明確化

当初は政府と東電、東電本店と原子力発電所、政府内部の役割分担の責任と権限が不明確だった。東電の場合、テレビでの会見に臨む担当者がその都度代わり、専門知識を持っている担当者がいないことを露呈した。専門知識はないが、枝野官房長官の対応は立派だった。

（十九）事故に関するコミュニケーションの強化

事故当初の情報提供はリスクを十分示さず、不安を与えた。恐らく事故が起きたらどのようなリスクが生じるかを把握していた者がいなかったのであろう。アメリカが最悪のシナリオを想定して、ただちに八十キロ圏内のアメリカ人を退避させたのは、適切だった。周辺住民への事故の状況や対応、放射線影響の説明を強化する。事故の進行中は今後のリスクも示す必要がある。社会的混乱を生じないように楽観的な報告をするのは、避けるべきである。最悪のシナリオ、普通のケース、最善のケースを知らせるべきであろう。

（二十）各国からの支援への対応や国際社会への情報提供の強化

各国の支援申し出を国内のニーズに結びつける政府の体制が整っておらず情報提供も不十分だった。アメリカやフランスの救援申し込みを断ったと報道されたが、お粗末な対応であった。国際的な対応をするには、一人の連絡責任者を指定しなければならない。関連省庁と連絡調整する従来の日本型のコミュニケーション方式では、迅速な対応は不可能である。

（二十一）放射性物質放出の影響の的確な把握・予測

緊急時迅速放射能影響予測システム（ＳＰＥＥＤＩ）の計算結果は当初段階から公開すべきだった。今後は、事故時の放出源情報が確実に得られる計測設備を強化し、当初から情報を公開する。今回の対応は、計測態勢の不備のみならず、情報の隠ぺい体質が見られた。

（二十二）原子力災害時の広域避難や放射線防護基準の明確化

避難や屋内退避の指示は迅速に行われたが、住民が退避するのに時間を要した。事故で設定した防護区域の範囲も防護対策も、事故を想定して対策が計画されていなかった。今後は、十キロ圏内および二十キロ圏内に住むすべての住民およびその行政体は、避難体制を立案しておくべきであろう。安全神話を信用し、事故があった時に慌てふためいたのが、今回の事故であった。事故が起きてから避難場所を探すようではパニックになる。

メモ五十八　被害が大きかった岩手県、宮城県、福島県の三県には、六十四の海水浴場があり、百八十五万人が訪れるが、平成二十三年夏の海開きをするのは、岩手県久慈市の舟渡と宮古市の浄土ヶ浜の二か所だけである。ガレキや流れついたコンテナなどが撤去されていないことが主な理由である。福島県には、十六か所の海水浴場があるが、放射能汚染の危惧から、すべて閉鎖することになった。福島県いわき市の勿来《なこそ》海水浴場は、原発の警戒区域外であるが、住民の放射能汚染の不安から閉鎖することになった。

（二十三）安全規制行政体制の強化

原子力安全確保に関係する行政組織が分かれていることで責任の所在が不明確で迅速な対応に問題があった。一番の問題は、原子力発電推進派で原子力関係の機関をかためたことである。東京大学原子力工学科出身者が、政府担当部局、原子力安全・保安院、原子力安全委員会をほぼ独占していたという。原子力安全・保安院に独立した批判力、批評力を持たせるべきであろう。

（二十四）法体系や基準・指針類の整備・強化

既存施設の高経年化対策のあり方を再評価し、法体系や基準の見直しを進める。福島第一原子力発電所第一号機および第二号機は、一九七〇年代に作られ耐用年数が十年だったのを四十年も使用してきた。いわば原発開発の始まりのころの老朽化したタイプの原子炉を無理して使い続けてきた。法体系や指針の不備を問責されても仕方あるまい。

（二十五）原子力安全や原子力防災に関わる人材の確保

「今回のような事故では、過酷事故への対応や放射線医療などの専門家が結集し取り組むことが必要」と報告書で言っているが、原発の危険性を主張する者を推進派が「絶対安全」の呪文を唱えて排除してきたことが問題である。このような政略的および洗脳的な環境では、教育機関や事業者、規制機関で人材育成活動は強化されない。

（二十六）安全系の独立性と多様性の確保

これまで安全確保は、多重的に保証されているといわれてきたが、確かに原子炉や圧力容器はそうかもしれない。しかし、配管やノズルなど多数が複雑に配置されており、地震や津波に多重的に安全が確保できるなどとは保証できないであろう。どの配管が壊れても事故につながる可能性があり、構造そのものが脆弱にできているといわざるを得ない。

(二十七) リスク管理における確率論的安全評価手法(PSA)の効果的利用

原発のリスク低減の取り組みを確率論的に議論するのは、著者はおかしいと思う。なぜなら事故は絶対にあってはいけないもので、一千個に一個の不良品があってもいけないのである。有人宇宙飛行は、人命を守ることが必須であるから、一千回に一回地球に帰還すればよいなどという確率論では議論できない。原発も有人宇宙飛行と同じであって、確率的にものを考えてはいけない。

(二十八) 安全文化の徹底

安全神話を作ってはいけない。批判的にものをみる人を排除しては発展がないし、安全確保はできない。「一所懸命に努力しました。しかしうまくいきませんでした。許してください」と言って土下座して事故や失敗を謝罪して済ます日本的文化を許してはいけない。原発は、どんな失敗も事故も許されない。もし、これができないなら原発は建設するべきでないのである。

メモ五十九　六月十三日にイタリアで原子力発電所の新規建設に関する国民投票があり、九十四パーセントの圧倒的多数で、原発の新規建設をしないことが決まった。イタリアは、電力を依存している割合は、天然ガスが五十四パーセント、石炭が十五パーセント、石油が九パーセント、水力が十四パーセント、輸入が十パーセントである。因みに日本は、天然ガスが二十九パーセント、原子力が二十九パーセント、石炭が二十五パーセント、自然エネルギーが九パーセントである。ドイツは、二〇二二年までにすべての原子力発電所を停止。廃炉することを決定した。スイスは、二〇三四年までに同じく停止・廃炉を決定した。

メモ六十　放射性廃棄物の処理が大きな問題になっている。その中の一つが下水処理から出る汚泥の燃却灰である。十六の都道府県の廃棄物処理場からセシウムの放射性物質を含んだ燃却灰がでた。高い値で一キロ当たり四十四万七千ベクレル、低い値で五万五百ベクレルであった。六月十四日現在で二十二万トンある。川崎市では、一日一万トンの燃却灰がでるという。燃却灰は従来、フライアッシュと呼ばれてコンクリートに混入して使われてきた資源ゴミであった。全体の八十パーセントがフライアッシュで利用され、残りの二十パーセントが埋め立て処分されてきた。政府は、百ベクレル以下なら、コンクリートへの再利用はできる、ただし園芸用土として出荷は自粛する、八千ベクレル以下なら管理型処分場に埋め立て可能とする、八千から十万ベクレル以下なら管理型処分場に仮置きできる、十万ベクレル超なら放射線を遮蔽できる施設で保管する、という基準を定めた。五か月が経過した八月時点において、十七都道府県全体で、埋め立て処分可能な八千ベクレル以下の焼却灰が五万五千トンあるが、埋め立ての引き取り先から拒絶されるため処分できない状態と報告された。

メモ六十一　宮城県および福島県で昨年刈り取られ、野外で乾燥された稲わらを資料として与えられた肉牛から基準値（五百ベクレル以上）を超える放射性セシウムが検出され、岩手県産、宮城県産、福島県産、栃木県産、山形県産、秋田県産の一部の牛肉の出荷停止が命令された。岩手、宮城、福島の三県の年間出荷頭数は、十万頭、約五百二十億円に上り、大変な損害額になると推定される。乾燥稲わらは、福島原子力発電所から百キロ以上離れた宮城県の稲わらから高濃度の放射性セシウムが検出されており、いかに水素爆発およびベントによる放射能汚染が広範囲にわたっていたかを物語る。専門家によると、今回の放射能汚染の総量は広島の原子爆弾の二十個分以上の放射能汚染があったという。

第13章
21世紀の災害論

著者は、SBB社から発刊された「人とわざわい〜持続的幸福へのメッセージ」（上巻、二〇〇六年九月、下巻、二〇〇七年一月）の編集委員長を務め、第一章に「二十一世紀の災害論」を書いた。五年前に原稿を書いたが、今回東日本大震災が起きてみて改めて読み直してみると、著者が警告していたような自然災害と人災による国難に瀕している。著者のオリジナルの原稿に今回の大震災の経験の内容を追加して、本書に掲載したい。追加した箇所は**字体**を変えている。

二十一世紀の災害論―持続的幸福を求めて

（一）災害とは？

災害とは、広辞苑（岩波書店）に、「異常な自然現象や人為的原因によって、人間の社会生活や人命に受ける被害」と定義されている。広辞林（三省堂）には、「天災や戦争・火事・事故などによって受ける損害」とある。

災害に関連する言葉として、「災」の付く言葉と「害」の付く言葉を拾ってみると、災害の範囲が浮かび上がってくるであろう。

「災」の付く言葉：

最初に「災」の付く言葉：災害、災難、災異、災厄、災禍、災厲、災患、災変

最後に「災」の付く言葉：天災、人災、火災、水災、震災、干災、防災、労災、被災、戦災、罹災、横災、息災、減災

「害」の付く言葉：

最初に「害」の付く言葉：害悪、害意、害心、害毒、害虫、害鳥

最後に「害」の付く言葉：水害、風害、雪害、冷害、凍害、寒害、霜害、雹害、虫害、塩害、鉛害、鉱害、薬害、煙害、公害、病害、被害、加害、阻害、妨害、障害、損害、傷害、殺害、自害、利害、要害、有害、無害、百害、大害、実害、険害、除害、食害、蝕害、怨害、凶害、侵害、賊害、陥害、生害

上記の言葉を考察すると、「災」は、人命や甚大な財産の損失を伴う不幸な出来事で、深い悲しみを伴う「わざわい」を意味していることがわかる。「ワザハヒ」は、災、禍、厄、殃であった。ワザ

ハヒのワザは、鬼神のなす業で、ハヒはその状《さま》を言った。それに対して「害」は、健康、生活、生産および財産の物理的損害あるいは破壊的状態を意味していることがわかる。

従来の分類では、災害は、自然災害と人災に分けられてきた。「自然災害」は、「天変地異」であり、自然界の異変による災難を指した。天災とも言う。震災、干災、水害、風害、雪害、冷害、雹害、虫害などは自然災害に分類される。自然には、数年に一度、数十年に一度、あるいは数百年に一度の異常現象、つまり「天変地異」がある。災変は、通常防ぐことができない「災」とされた。わが国では、「地震、雷、火事、おやじ」は避けられない災難とされた。原始時代には、自然に対する怖れと厄払いが宗教の基本であった。科学が発達するにつれ、「防災」の技術が進み、災害を軽減できるようになった。

従来の災害の定義に従えば、「天変地異」が生じても、人間の人命や社会生活に損害がなければ災害とは言わない。現在地球環境や地球生態系が叫ばれる中、直接人間に被害がなくても、人間以外の動植物や環境・生態系に被害が出た場合、災害と言わないのは、おかしい。地球上の生物は、人間と共存するものととらえるなら、「人間共存者」の災害と言うべきであろう。地球は人類の貴重な財産であると認識するなら、地球環境のいかなる損傷も災害と捉えるべきである。この視点から「環境災害」という新しいジャンルが生まれた。

一方「人災」は、「人間の不注意などが原因となって起る災害」とされる。「不注意などの原因」には不注意の他、人間の無知や過誤、無謀な行為、不法行為、紛争、戦争、テロ、産業なども含まれる。火災、煙害、鉱害、薬害などは人災である。水害は、自然災害でもあるし、人災の場合もある。流域の上流にある水源林を伐採すれば、土石流や洪水が発生する。明らかに人災である。砂漠化は、過剰放牧が原因の場合もある。砂漠化は自然災害でもあり、人災でもある。

為政者は責任を追及されたくないために、可能な限り「人災」に触れないできた。市民の抗議や訴訟によって仕方なく、法の整備をしたり、損害賠償をしたりしてきた。不法行為、害意、害心など加害行為による被害は、従来「災害」に分類されることはなく、「犯罪行為」による「損害」とされた。しかし、「不法投棄」や「不法垂れ流し」による被害は明らかに災害である。傷害や殺害は、個人レベルからサリン事件や、イラクのテロ行為など集団レベルに拡大すると、もはや社会生活が受ける被害、すなわち「災害」と言わざるを得ない。人災は、原因あるいは加害者がはっきりしている。

ここで、新しい概念として登場した「環境災害」の定義をしておかなければならない。環境災害とは、被害者が加害者である災害であり、不特定多数が災害に参画する災害である。犯意がなくても、市民が通常の生活をしている行為が、結果として市民や社会に多大の損害を与える公害は、環境災害の典型である。公害による被害者の市民は加害者でもある。本書では、地球温暖化、都市化、公害、生態系の撹乱による災害は、環境災害として取り上げた。

（二）災害を招く素因と誘因

災害の原因を論じる場合、原因の素になる「素因」と災害を誘発する「誘因」とに分けられる。例を挙げれば、崩壊しそうな地形が「素因」として存在しても、多量の雨や激しい地震がなければ、つまり「誘因」がなければ災害はおきない。

自然災害の素因と誘因を挙げることは、容易である。素因は、広く地球環境と言ってもよいし、地形、土地利用、都市、村落、農地、海岸などと局所的な単位に分けてもよいであろう。誘因は、豪雨、強風、落雷、積雪、氷結、干ばつ、異常気温、地震、火山爆発など自然現象である。

人災の素因と誘因を明らかにすることは、多くの裁判事例を見るとおり、科学的に実証することが極めて難しい場合が多い。悲惨な「水俣イタイイタイ事件」の和解に多くの年月を要したことからも、いかに為政者または加害者が人災を隠そうとするかを知ることができる。「素因」は、社会生活や社会環境である。人間の存在そのものが素因でもあり誘因でもある。「誘因」は、未知または無知による行為、不注意、不法行為、破壊活動、紛争、戦争などである。人間のさまざまな行為が、自然にどれだけ負荷を与えた結果、どれだけの損害をもたらしたかを証明することは困難である。人間の行為には、未知あるいは無知により「害」を予見できないこともある。予見できるのに、利害あるいは欲に負けて「加害」を行う不徳な行為および不法行為が存在する。これは犯罪行為となる。被害者に損害賠償をする必要がある。予見できたか否かは、大きな争点になってきた。

環境災害の素因は、明らかに人間が住む社会環境あるいは地球環境である。誘因は、地球温暖化、都市化、公害、生態系の撹乱などである。いまや国民病になったスギ花粉症は、生態系の撹乱による環境災害の典型である。鹿、猿、熊による被害は、明らかに過剰保護による生態系の撹乱が引き起こした環境災害の例である。

従来人間社会は、「因果応報」を宗教で教えてきた。「善因善果」および「悪因悪果」、すなわち善を行えば善い結果が得られ、悪を行えば悪い結果となるという教えである。悪いことを行えば、罪となり、罰を受けるのが報いであった。法律の定めがあるなしにかかわらず、個人レベルでは、「人倫」にそむく行為をすれば、「神罰」または「仏罰」が下される。社会レベルでは、為政者が「天の声」に背けば、「天罰」を受け、人民に「災厄」がもたらされるとされた。科学が発達していなかった原始時代には、先祖あるいは長老、さらには、占い師や祈祷師は、「天の声」を聞き分けようとした。「天変地異」または「疫病」による災禍は、政《まつりごと》の失態にあるとされた。その土地に祟りがあり、遷都が行われた。

現在においては、都市その他の構造物には、設計基準や安全基準が設けられ、基準を超える自然現象が起きると、災害が発生し、異常な「誘因」があったからという理由で、「仕方がない」、あるいは「不運だった」とされ、犯罪にならない。個人レベルでは基準以下でも全体として、資源やエネルギーの過剰消費が起きると、公害が発生する。公害は、一般に責任を問いにくい。基準を厳しくする方策が採用されるべきだが、為政者の行動は遅い傾向にあり、具体的な被害が生じないと対策を採らないことが多かった。設計基準を超えない自然現象で、何らかの損害が生じると、「設計ミス」と裁断され、処罰の対象になる。法律で定められた基準どおりに人間の行為が行われても、結果として、周辺の住民に被害が生じる場合もある。法の不整備がもたらした損害であり、為政者が裁かれる場合もあるし、住民が泣き寝入りする場合もある。しかし、これは明らかな「災害」である。

以上を考察すると、自然災害であれ、人災であれ、環境災害であれ、人間の存在や営みが災害の「因果応報」に関与してきたかが分かる。人間には、「安全な生活」、「便利な生活」、「快適な生活」、「幸福な生活」、「豪勢な生活」などを望む欲望がある。人間の欲望や夢を満たすために、科学技術を発達させ、時に自然の道理に反し、時に愚かな戦争を行い、時に神の怖れを忘れ、時に人の道に背き、異常な反自然行為を繰り返してきた。人間の行為は、災害の「誘因」になると同時に、環境の変化を生み、災害に脆弱な「素因」を作り出した。人間は、自然を征服したと傲慢な態度を取ったときに、超自然あるいは「鬼神の業」ともいえる大災害が発生し、やはり自然の力には敵わないと反省する。まさに人間の愚かな行為に対する「因果応報」であった。貴重な人命の犠牲の上で、生活に対する考え方と安全基準が見直され、人類は現在に至っている。人類の歴史を見れば、「自然畏怖」、「自然征服」、「災害」、「反省」の繰り返しの歴史であるといっても過言ではない。「禍福は糾《あざな》える縄の如し」と言われ、災いと幸福が表裏転変するのが人生であることを教えている。

地球上の生物は、絶滅をしないように長い年月をかけて、自然に順応し、「智慧」を発達させてきた。もし、人類が他の生物と共存することが善とするなら、人間の存在と行為が他の生物の絶滅の誘因となってはいけないことは、当然であろう。すなわち、「防災」あるいは「災害軽減」を議論するときに、他の生物や地球環境の「保護」を含む議論がなされなければならない。災害調査は、環境アセスメントでなければならなし、防災は「持続的環境保全」でなければならない。人間は、自然に順応するだけでなく、自然を改変し、時に破壊し、危ない砂上の楼閣の上に生活をし、自然の怖しさを忘れ、災害への備えを忘れる愚を冒してきた。「人災」の観点に立てば、人間は、災害の「誘因」を創出し、結果として災害に是弱な「素因」を構築してきたと反省する必要があろう。「環境災害」の観点に立てば、悪意はないとは言え、自らの生活態度が、自らを害してきたのである。

(三) 災害の分類

(三・一) 自然度―人為度の軸から見た災害の分類

災害の範囲を自然災害に絞らず人災を含むとすれば、災害を分類する第一軸は、誘因に関して自然度―人為度の軸が考えられる。

自然度の高い誘因の災害：

地震、津波、火山爆発、地すべり、台風、高潮、異常気象、集中豪雨、黄砂、落雷、雪害、凍害、冷害、霜害、虫害、干ばつ、竜巻、異常高温など

自然と人為と両方ある誘因の災害：

洪水、土石流、斜面崩壊、森林火災、土壌流出、砂漠化、病害など

人為の誘因の災害：

火事による災害（市街大火災、トンネル火災、密集商店火災、工場爆発火災）、事故による災害（交通事故、列車事故、航空機事故、船舶事故、油流出、**原子力発電所事故**）、産業による災害（煙害、排ガス、鉱害、農薬汚染、食品汚染、森林伐採、地盤沈下、産業廃棄、**放射能汚染**）、感染症による病害（インフルエンザ、O-157、性病、鳥インフルエンザなど）、資源消費による災害（水汚染、海洋汚染、大気汚染、地下水汚染、ヒートアイランド、地球温暖化、酸性雨）、生態系撹乱による災害（人口過剰、種の絶滅、食害）、無知および無対策による災害（アスベスト被爆）、犯罪行為による災害（化学兵器、テロ、ハイジャック、毒物事件）、戦争・紛争による災害（原爆被災、東京大空襲など）

（三・二）　対象規模から見た災害の分類

災害を分類する第二軸は、素因、すなわち被害を受ける対象の規模あるいは領域が考えられる。

地球規模の災害：

地球温暖化、エルニーニョ、海洋汚染、種の絶滅

大陸規模の災害：

大津波、台風、異常気象、黄砂

国規模の災害：
公害、大気汚染、森林伐採、酸性雨、水質汚染、食品汚染、産業廃棄、戦災、貧困、人口過剰

地域規模の災害：
地震、地すべり、集中豪雨、落雷、雪害、霜害、冷害、虫害、干ばつ、竜巻、高潮、洪水、土石流、斜面崩壊、森林火災、土壌流出、病害、火災、塩害、水質汚染、鉱害、地盤沈下、ヒートアイランド、油流出、**原子力発電所事故**

（三・三）　被害の規模から見た災害の分類

災害を分類する第三軸は、被害の規模である。人命が一万人以上の規模、一万人以下の規模、一千人以下の規模、一百人以下の規模、十人以下の規模に便宜的に分類する。ケースによって異なるが、最大規模の災害を想定している。

一万人以上の規模の災害：
大津波、大地震、大戦災（世界大戦）、エイズ、干ばつによる大飢饉、**原子爆弾**など

一千人以上の規模の災害：
地震、津波、台風、高潮、洪水、異常気象、疫病、戦災、交通事故、**原子力発電所事故**など
一百人以上の規模の災害：
土石流、集中豪雨、竜巻、水質汚染、大事故など
数人以上の規模の災害：
火災、森林火災、土壌流出、斜面崩壊、土石流、落雷、鉱害、雪害、高潮など
人命に関わらない災害：
塩害、黄砂、冷害、凍害、霜害、虫害、エルニーニョ、公害、森林伐採、油流出など

（三・四）　災害の発生速度から見た分類

災害を分類する第四軸は、災害が発生するスピードあるいは突発性である。瞬時に起きる災害とゆっくり時間をかけて顕在化する災害がある。

突発性の災害：
地震、津波、集中豪雨、竜巻、落雷、火山爆発、火災、土石流、斜面崩壊、雪崩
数時間から数日かかる災害：

洪水、台風、異常気象、凍害、霜害、虫害、高潮、油の流出

数ヶ月かかる災害：

黄砂、雪害、冷害、煙害、産業廃棄、水質汚染、ヒートアイランド、**原子力発電所事故**

数年かかる災害：

地盤沈下、地球温暖化、地下水汚染、**放射能汚染**など

（三・五） 災害を受ける対象による分類

人間の生命および生活に関する災害：

天災、人災を問わず、人間の生命、健康および生活に甚大な損害を与える災害

人間の作った施設、構造物、作物に関する災害：

天災、人災を問わず、人間の作った都市、住居、公共施設、農作物などに甚大な損害を与える災害

環境・生態系に関する災害：

人間の生命に被害は受けないが、周りの環境や生態系に損害を受けあるいは環境価値が劣化し、間

接的には、人間の豊かな生活に甚大な損害を与える環境災害

（四）人類が犯した十の大罪

甚大な災害をもたらした素因や誘因は、人類自身によってもたらされた。歴史を振り返り、人類が犯した十の大罪をあげてみよう。

第一の大罪：人口の過剰繁殖：地球が養いうる限界を超えつつあるにもかかわらず、人口増加を放置してきた。将来、食糧難および資源難に直面し、大災害が起きうる。

第二の大罪：大量破壊兵器の開発：人類絶滅の危険がある原爆や水爆の開発をし、完全な制御をしていない。核兵器を使用した戦争が起きれば、大量の死者の出る戦災が起きうる。

第三の大罪：工業開発の優先：大規模な資源消費型の工業を無制限に開発した。ますます公害が深刻化する。化石燃料の資源は数十年で枯渇する危険がある。**原子力発電事故は、制御不可能な災害を誘発し、多大な放射能汚染を伴う。**

第四の大罪：消費型生活の謳歌：エネルギー、電気、水などを大量に消費する生活を優先した。途上国と先進国の間に深刻な貧富の差が生じる。

第五の大罪：森林伐採：特に熱帯林の伐採を放任した。水源の涵養能力および土壌保全能力が失わ

れ、資源の枯渇が深刻化する。

第六の大罪：自動車文明の導入：自動車依存型の生活になった。自動車の氾濫により、交通渋滞と排気ガスが全世界的に深刻化した。交通事故の死者は、膨大な数になる。

第七の大罪：地球温暖化：炭酸ガスの増加による温暖化の有効な手段を講じなかった。異常気象や海面上昇による被害が想定される。

第八の大罪：麻薬の取り締まり：途上国での麻薬の取り締まりに有効な手段を講じず、全世界的に麻薬の害が蔓延した。テロの温床にもなっている。

第九の大罪：収奪型農業の開発：機械化農業と化学肥料・農薬に依存した農業が世界の市場を支配した。土壌流出や農薬汚染が進行し、人類の健康に被害が想定される。

第十の大罪：海洋資源の乱獲：漁業資源の枯渇が憂慮される。種の絶滅が危惧される。

（五）日本が犯した十二の大罪

日本が戦後犯した十二の大罪をあげてみよう。

第一の大罪：列島改造の過剰開発：国土が分断され、各地で災害が誘発された。高速道路、ゴルフ場、宅地、テーマパークなどで、バブル経済時に乱開発が行われた。

第二の大罪：工業開発の優先：公害が増加しただけでなく、農業、林業、漁業の第一次産業が壊滅的な打撃を受けた。河川、湖沼、海岸の水質汚染は深刻である。**地震および津波の甚大な災害が起こりえる日本に原子力発電所を多数基建設した。**

第三の大罪：自給体制の放棄：食料の六十％は輸入に依存しており、将来の食糧難が危惧される。

第四の大罪：海岸埋め立て：美しき海岸を工業開発のために、無残にも埋め立てた。このため、海岸湿地は壊滅した。

第五の大罪：都市計画の無政策：都市計画の思想・哲学がなく、日本文化から乖離した都市ができた。都市の緑も少なく、ヒートアイランド現象が深刻化した。大都市はマンションブームで、高密な都市化が進行し、災害に脆弱になった。

第六の大罪：農地の荒廃：水田が放棄され、休耕され、または転用され、洪水に対する貯水機能を失った。農薬、化学肥料の過剰利用で土壌が劣化した。

第七の大罪：森林の荒廃：林業が荒廃し、森林が荒廃した。杉の花粉病が国民病になった。森林山野の有効利用がなされていない。

第八の大罪：食品安全の危機：添加剤、着色剤などの基準があいまいで、食品の安全が保証されていない。

第九の大罪：医療・医薬依存型生活：不必要な医療や医薬が横行し、薬害または副作用に悩む国民が多い。

第十の大罪：教育の崩壊：学校教育のみならず、家庭教育、宗教による教えなどの教育体制が崩壊し、道徳および倫理が低下し、犯罪を増幅している。
第十一の大罪：海岸侵食：河川の上流にダムを建設したために、土砂の供給が減少し、深刻な海岸侵食が発生している。
第十二の大罪：河川改修：治水を優先したために、親和性のあり河川が消滅し、都市にあった水運は衰退した。三面張りの河川が増え、河川景観が破壊された。

(六) 持続的な幸福を維持するために

ノアの方舟以外の生物が死滅したと伝えられる旧約聖書の大洪水は、神話・伝説であり、科学的根拠はないが、各地にこのような大災害の神話・伝説がある。イタリアのポンペイで火山が爆破し、一つの町が全滅したことが発掘調査で明らかになった。記録にある大災害は、中世に起きたヨーロッパのペストがある。ヨーロッパの人口の三分の一が死んだといわれる。二〇〇四年に起きたスマトラ沖地震で誘発された津波による死者は三十万人を超えたといわれる。二〇〇五年のパキスタン地震では、二万人以上の死者があると見られている。**二〇一一年に起きた東日本大震災では、マグニチュード九・〇の日本史上最大の地震・津波が起きた。加えて福島第一原子力発電所の四機の発電装置およびポンプが故障したために、メルトダウン、さらにメルトスルーが起き、大量の放射能汚染が拡散し、周辺**

は勿論のこと、神奈川県や静岡県まで被害は拡大した。

わが国の大災害を振り返ると、天明の飢饉では、数十万人が死んだと伝えられている。一九二三年の関東大震災では、十万人規模で死者が出た。一九六〇年の伊勢湾台風では、高潮と重なり、五千人が死んだ。一九九五年の神戸大震災では、六千人が死んだ。**二〇一一年の東日本大震災では、約二万三千五百人の死者・行方不明者が出た。**

しかし、これらの自然災害に対して、人災を振り返れば、人災による死者の数は、はるかに多い。太平洋戦争では、二百万人以上の戦没者が出た。広島、長崎の原爆では、一瞬にして数十万人が死に、現在でも後遺症で死んでいる。加害者は戦勝国であり、無差別殺戮に対する戦争犯罪は問われないままになっている。アスベストの被曝で予想される死者は、今後数十万人に上ると危惧されている。直接の加害者あるいは法規制を放置してきた行政の責任はどうなるか不明である。交通事故による死者は、毎年五千人以上の死者が出ており、きわめて不幸な災害と言うべきであろう。しかし、加害者の被害者に対する補償は法的に対処されている。世界的には、エイズによる死者は、すでに数十万人規模になっており、日本でも予想を超える感染が進行しているといわれる。被害者は自己管理の欠如から自業自得と一般に見られる。しかし、社会全体の機能が低下することからすれば、個人の被害から社会的な被害に発展する。

化石燃料を消費し続けることで、炭酸ガス濃度が上昇し、地球温暖化が進行すると、大気の擾乱が激しくなり、豪雨や強風が多くなることが指摘されている。氷河や南極の氷が解けて海水上昇が起き、低地にある島や都市が災害に見舞われると危惧される。このような環境災害は、ゆっくり進行するが、数十年後か数百年後には怖しい災害になりうる。温暖化の原因と加害者は明瞭だが、被害者が加害者であるから、自己規制しない限り、対処する方策はない。世界の人口は常に世界記録を更新し続けている。人口過剰が何かとんでもないカタストロフィーをもたらすのではないかと心配する警告が出されている。これも自ら規制しない限り、人口増加は続く。わが国の場合、少子化で人口減少が危惧されているが、見方を変えれば、地球全体の人口抑制には貢献していることになる。**チェルノブイリおよび福島の原子力発電所の事故は、人災といえる。「安価」で「クリーンエネルギー」とされてきた原子力発電が一旦事故を起こせば、地域が滅亡する危険があることを福島原発事故が教えてくれた。「脱原発」の運動が広がるのは、事故の収束の難しさと放射能汚染の怖しさを体験すれば、当然の人類の選択ともいえる。**

災害は不幸な事変であるから、不幸な災難を防ぐ「防災」は、必要である。しかし、今まで議論してきたことから分かるように、災害は、人間の欲望あるいは夢を追い求めた結果生じていることも分かる。人間は、欲望や夢が実現されれば、幸福になる。ところが幸福を夢見た結果が不幸をもたらすサイクルを生むことも事実であり、過去の歴史は多くの教訓を与えてくれた。人類は、多大の犠牲を払いながらも夢を追いかけてきた。幸福の陰に常に災害があったといってもよい。人間の幸福とは、多大の災害を伴っても、最大の幸福を求めることなのか、あるいは、幸福を小さくして災害を最小にすることなのだろうか。最大の幸福で、最小の災害という極楽の世界は、神が許してくれていないようだ。

前にも述べたが、人間の幸福のみを論じてよい時代ではない。地球の生物全体を考えた「防災」または「持続的保全」を考えなければならない。すなわち人間の幸福を少し減らして、他の生物の幸福を配慮する必要がある。他の生物や生態系を考慮に入れると、災害の被害は少なくなることもありうるかもしれない。なぜなら自然は一般に最適解で構成されているから、自然を考慮した対策は限りなく最適の状態になりうるからである。地球の生物や生態系は何万年の淘汰の中で、生存する最適解を確立してきたのである。

今人類に必要なことは、飽和状態になった過剰人口および有限の資源量の制約条件の下で、悲劇的な結末（カタストロフィー）を招かない哲学を模索することであろう。

第一に結婚し、子どもを作り、人類が共有してきた家族繁栄の幸福を追い求めることは、永久に許されてよいのだろうか。子どもを生むことに何らかの制限を設ける思想（中国では一子政策が実施されている）を共有すべきではないだろうか。人口増加を放置すれば、カタストフィーが待っているなら、今手段を講じる必要があろう。人類全体で議論すべき問題である。

第二に、消費文明を助長する市場経済は、「持続的幸福」を維持するのに弊害になっていないかを問うべきであろう。国民全員が贅沢し、美味い物をたべ、素敵な衣服に包まっていれば、環境への負荷は無限に増大し、公害のみならず災害をもたらすことは間違いない。**原子力発電を容認するか否かは、国民の幸福への道の選択肢として適切か否かを議論するべきであろう。**

第三に、都市に高密度で密集する現代の生活スタイルは、果たして「天変地異」や「大事件」に耐えうるものであろうか。一九九五年の神戸大震災、二〇〇一年のニューヨークで起きたテロによる破壊、二〇〇四年のスマトラ沖地震による大津波、二〇〇五年のパキスタン地震などは、人口が密集したところに災害が発生し、甚大な被害が起きた。**今回の平成津波においても、沿岸部に人口が密集していたことが被害を大きくした。**個人レベルではいまさら都会から脱出できないのであれば、運命に身をゆだねる以外対策はない。「安全・安心」が国民的標語になっているにもかかわらず、過剰な都市への集中を放置していることが、災害危険度の高い「素因」を生み出していることに警告を出すべきであろう。リスクマネジメントの観点から何らかの都市計画の規制と戦略があってしかるべきであろう。

第四に、個人レベルで「地球人」として「持続的保全」に役立つ行動をとるべきではないのか。人類は、森林を伐採して耕地を増やし人口を増やしてきた。今、すべての人間が年間十本の樹木を植樹すれば、一年に日本では十二億本の植樹ができるし、全世界では、六百億本の樹木が植樹される。このような行為が災害を軽減するのに貢献するなら、子孫のためにもわれわれが今すぐ始めるべき運動である。ごみの問題も同じことが言える。行政に依存する前に個々人がすべきことがあるのである。

第五に、自然に対する畏敬の念を自ら持つとともに、子どもたちに身をもって教えるべきでないだろうか。「禍は忘れたころにやってくる」は、昔から伝えられた諺で、安全で太平な生活が永続しないのが自然の輪廻であることを教えてくれている。自然のよいところだけでなく、自然の怖しさを教えるべきである。少なくとも災害は語り継がなければならない。**今回の東日本大震災を体験した者として、津波の恐ろしさと原子力発電所事故の怖しさを子孫に伝える義務がある。**これが人間の「智慧」となって蓄積され、災禍を厄払いする祈りの境地になり、宗教のレベルまで高められる。被害にあってから祈り始めても遅いのである。災害を忘れない生活態度と祈りが求められている。

おわりに

津波から助かった人の話を読み返すと涙なくして読めない。どの話にも胸が締め付けられる。何度読んでも緊迫感は失われない。子どもであれ、大人であれ、弱者であれ、人間の命の尊さは等しい。家族全員が助かった話に胸をおろし、肉親が失われた話に涙する。紙一重で生死を分けたことがひしひしと伝わってくる。しかし、記録を読んで嘆き悲しむだけではいけない。将来必ず同じ規模の大震災が起こりうる。その時の子孫のために、今回得られた教訓を伝承する義務がある。同じ過ちを繰り返してはいけない。

何年経ってもこの未曽有の大震災を「想定」しなければいけない。明治津波があったにも拘わらず、今回多くの者がチリ地震津波しか「想定」しなかった。数少ないが、一一〇年前の明治津波、さらに一一五〇年前の貞観津波を先人の教えとして伝承し、住民を守った集落があった。先人の教えを無視した典型的な事例が、福島原子力発電所の事故であった。釜石市や宮古市の多くが防潮堤を信じた過ちを犯した。

災害危険個所に住む人たちは、自ら命を守る道筋を普段から頭に叩き込んでいる必要があろう。子どもや高齢者を預かる健常な大人たちの責任は重い。一刻を争う災害現場では、迷い、躊躇したら命はない。家族と連絡が取れない状況でも定められた行動を自らの判断で取れるように訓練しておく必要がある。本書の記録からこのような教訓を読み取ることができる。場合によってはマニュアルどおりに行動しなかったことが良い結果を生んでいる。日常の生活の場で、地理や交通状態などを把握しておくことの大切さも教えられた。

著者は直接の被災者ではないが、曽祖父を過去に津波で失った子孫として、今回の東日本大震災は他人事ではなかった。本書が、将来の子孫に役立つことを願っている。

参考資料

一、テレビ・動画関係：主としてNHKテレビの放送から自分で文章を作成した。このほか、フジテレビおよびTBSの放映およびユー・チューブで公開された動画の内容から文章を作成した。岩手めんこいテレビの記事も参考にした。

二、新聞および雑誌類：購読している読売新聞の記事を主にして、その趣旨を理解して自分の文体で書きなおした。このほか朝日新聞および日本経済新聞の一部を参考にした。雑誌は、アサヒグラフの東日本大震災特集号（三月三十日発行）、雑誌「地理」平成二十三年六月号（通巻六七一号、古今書院）、週刊朝日、ＡＥＲＡ、産経新聞社「闘おう日本」の一部を参考にした。ＪＲ東海のＷＥＤＧＥ五月号、片田敏孝の記事も参考にした。

三、インターネットおよびホームページ：毎日新聞社（毎日ＪＰ、毎日ＨＰ）、朝日新聞社（asahi.com）、読売新聞社、日本経済新聞社（日経ＢＰネット）、産経新聞社（産経ニュース）、東京新聞社、共同通信社、時事通信社、中日新聞、ジャパンプレス、岩手日日新聞社、河北新報、岩手日報、岩手めんこいテレビ、北海道新聞社、西日本新聞社、琉球新聞社、Daily Sport Omline、ベガルダ仙台公式リリース、日本鉄道貨物労働組合サイト、ネットＩＢニュース、Ｊ―ＣＡＳＴニュース、平成二十三年六月二十五日に発表された「東日本大震災復興構想会議」の「復興への提言」も参考にした。

四、ブログ：個人のブログの転載もあり、出典追跡が困難なケースもあったが、分かった範囲で掲載する。～日記・ブログ、scenario00.blog、kobachan1957friend、Bingo Group Official Site、ｅ―まちタウン、あやたろう、blogs.yahoo、ブログ気持玉、Tropara、ブログなおたろう、gigen.exblog.jp、Kohyaのｆｘ奮闘日記、畠山重篤ブログ、Café & Culture、全国有機農法連絡会ブログ

著者紹介

村井俊治　むらい　しゅんじ

昭和十四年九月十九日生まれ。東京都出身。工学博士。現職、日本測量協会会長。

昭和三十八年東京大学工学部土木工学科卒業。昭和四十六年東京大学生産技術研究所助教授。昭和五十八年東京大学生産技術研究所教授。平成十二年、東京大学定年退職、東京大学名誉教授。一九九二年〜一九九六年、国際写真測量・リモートセンシング学会（ＩＳＰＲＳ）会長。一九九二〜一九九五年および一九九七年〜一九九九年、アジア工科大学（ＡＩＴ）教授。

一九九七年、タイ国白象褒章勲一等受賞。一九九八年、スイス連邦工科大学（ＥＴＨ）名誉博士。二〇〇六年、「人とわざわい〜持続的幸福へのメッセージ」（ＳＢＢ社発行）編集委員長。

著書に「空間情報工学」（日本測量協会発行、平成十一年）、「地理空間情報コンサルタントへの道」（監修、日本測量協会発行、二〇一〇年）など多数あり。

特許、「地震・火山噴火予知」（特許番号三七六三一三〇号、二〇〇六年、環境地質研究所と共願）

書　名	**東日本大震災の教訓—津波から助かった人の話—**
コード	ISBN978-4-7722-7110-3　C1044
発行日	2011（平成 23）年 8 月 10 日　初版第 1 刷発行 2011 年 8 月 20 日　第 2 刷発行 2011 年 12 月 22 日　第 3 刷部分追補発行
著　者	**村井俊治**
	Copyright ©2011 MURAI Syunji
発行者	株式会社古今書院　橋本寿資
印刷所	三美印刷株式会社
製本所	三美印刷株式会社
発行所	**古今書院**
	〒 101-0062　東京都千代田区神田駿河台 2-10
電　話	03-3291-2757
ＦＡＸ	03-3233-0303
振　替	00100-8-35340
ﾎｰﾑﾍﾟｰｼﾞ	http://www.kokon.co.jp/

検印省略・Printed in Japan